Unser Schrebergarten

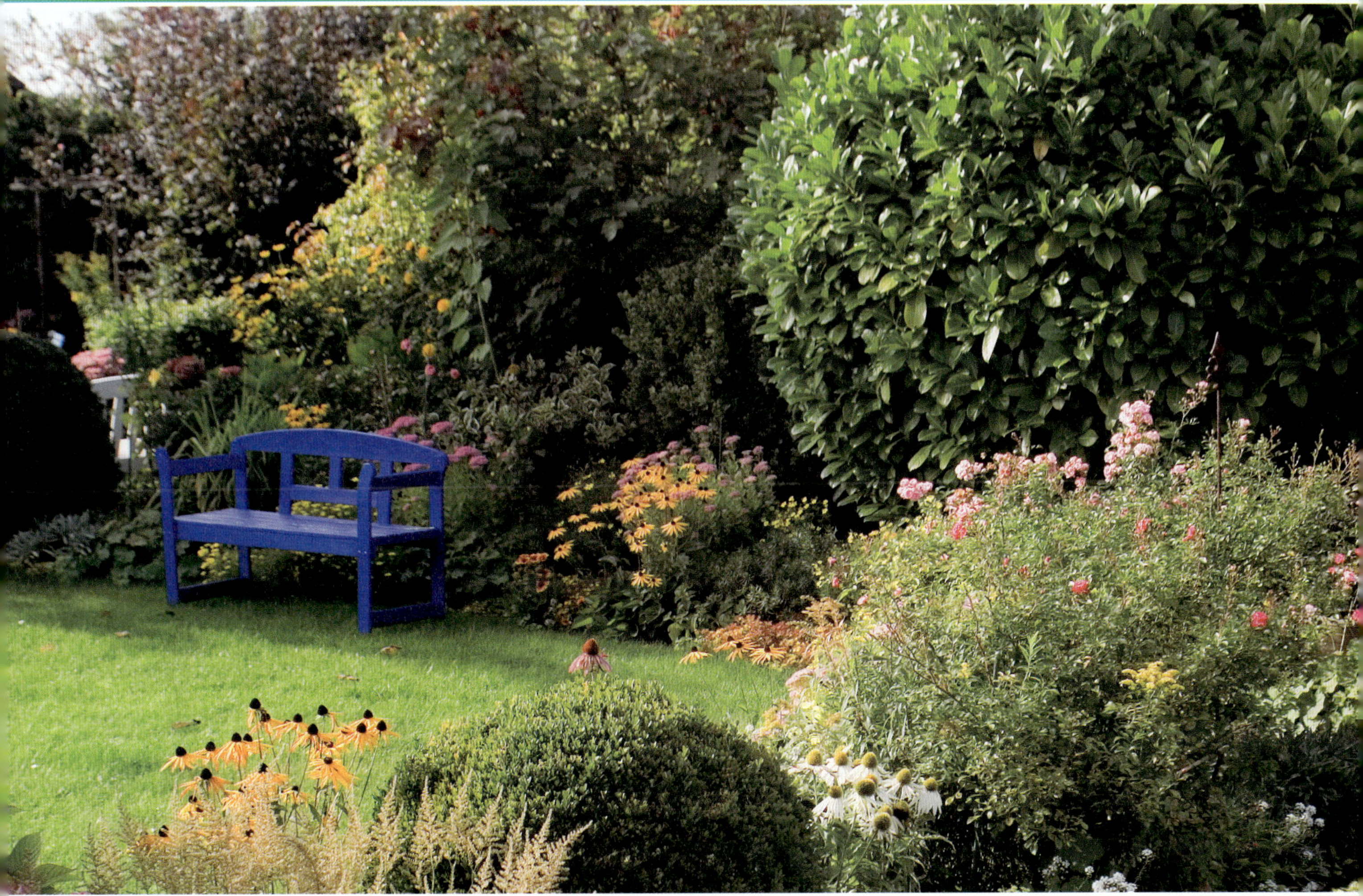

Unser Schrebergarten

Planen · Gestalten · Selbst Anlegen
Tobias Pehle & Martina Handwerker

Inhalt

Inhalt

Die neue Lust am Schrebergarten	6
Erholungsparadies in der Stadt	8
Vorgeschrieben: Die Gartenordnung	10
Die Geschichte einer sozialen Grundidee	12
Neue Nutzer – neue Kleingärten	16
Der Weg zum Schrebergarten	20
Attraktive Vereine	21
Die Parzellensuche	23
Die Bewerbung	24
Der Kauf	24
Die laufenden Kosten	26
Kosten für die Gestaltung	27
Die wichtigsten Regelungen	28
Nutzungsbereiche richtig planen	32
Der perfekte Schrebergarten	34
Gesunde Vielfalt: Der Nutzgarten	36
Die Grundaufteilung	38
Pflanzen auswählen	39
Spiel und Spaß im Familiengarten	42
Der Kleinkindgarten	45
Der Bewegungsgarten	47
Der Lerngarten	49
Entspannt genießen – Der Erholungsgarten	50
Schützende Umgebung	51
Der Sonnenschutz	53
Besser entspannen	54
Das grüne Hobby: Der Ziergarten	56
Faszination Wasser	59
Der Garten als grüner Treffpunkt	60
Der große Gartentisch	61
Schrebergärten schöner gestalten	64
Grundlagen der Gartengestaltung	66
Die Wegführung	70

Inhalt

Kleingärten Schritt für Schritt planen	72
Die Gartenstile – konsequent gestalten	74
Üppige Pracht: Der Bauerngarten	76
Zum Träumen: Der romantische Garten	78
Flair des Südens: Der mediterrane Garten	80
Natur pur: Der ökologische Garten	82
Klar gestylt: Der moderne Garten	84
Strenge Schönheit: Der formale Garten	86
Eigener Stil: Der individuelle Garten	88
Weitere beliebte Gartenstile	90

Die schönsten Pflanzen	92
Natürliche Pracht: Schöne Gewächse	94
Zierpflanzen	96
Rosen	102
Gehölze & Ranken	104
Gemüse	106
Salat	110
Obst	112
Kräuter	116

Gestaltung in der Praxis	118
Die Laube, das Zentrum des Gartens	120
Praktische Helfer: Gewächshäuser	122
Stilvolles Entree: Tore und Eingänge	124
Schön und sicher: Wege & Terrassen	126
Attraktive Grenzen: Zäune und Pergolen	128
Schöne Ränder: Beeteinfassungen	130
Highlights: Teiche und Wasserspiele	132
Wassertechnik und Beleuchtung	134

Gartenkalender	136
Wichtige Adressen	140
Impressum	144

Die neue Lust am Schrebergarten

Wer bei Kleingärtnern an eine aussterbende Spezies denkt und ihre Gärten mit der Vorstellung von einer Hochburg kleinkarierter Laubenpieper verbindet, kann getrost seine Schublade wieder schließen. Das Image von kleinbürgerlichem Mief und Vereinsmeierei, das für eine aufbegehrende Generation seit dem Ende der 60er als Sinnbild deutschen Spießbürgertums galt, ist passee. Eine Vielzahl von Nutzern querbeet durch alle Gesellschaftsschichten und Berufsgruppen beweist das Gegenteil. Die vielen Vorteile der Schrebergärten für den Einzelnen und das Stadtleben machen ihn sogar kultverdächtig.

Neue Lust auf Schrebergärten

Erholungsparadies in der Stadt

Wer kennt sie nicht, die Sehnsucht in frischer Luft tief durchzuatmen und im Grünen dem Stress und Lärm der Städte zu entfliehen. Schon die Vorstellung eines blühenden Gartens mit seinem Duft nach Blumen und Früchten trägt da Balsam auf die Seele.

Für viele Stadtbewohner ist dieser Traum längst Wirklichkeit geworden: Nur wenige Schritte vor der Haustür bietet ihnen der Schrebergarten – oder einfach Kleingarten genannt – ein eigenes Stückchen Natur zum Wohlfühlen, Gestalten und Gärtnern.

Als grüne Insel in den Betonwüsten der Ballungszentren bedeutet er für seine Besitzer mehr denn je ein Stück Freiheit. Denn: Er ist eine meist ohne Auto erreichbare und für alle erschwingliche grüne Oase.

Natur für alle

Familien mit Kindern, aber auch der stressgeplagte Geschäftsmann, finden hier ein Refugium der kreativen Entfaltung und Entspannung. Gartenkultur und die Beschäftigung mit Pflanzen erleben die Kleingärtner als sinnerfüllte Freizeitgestaltung.

Für viele ist sie sogar ein Ausstieg auf Zeit. Das kann bedeuten im Kleingarten beim täglichen Blumengießen einfach mal abzuschalten, am Wochenende mit Freunden und Nachbarn zu grillen, oder sogar den Jahresurlaub hier zu verbringen.

Die Schrebergärten bieten zudem auch Kindern ein grünes Paradies: Immer mehr junge Familien vergnügen sich in den Anlagen. An schönen Sommertagen spielen die Kids auf den zur Kolonie gehörenden Spielplätzen, tummeln sich in

Erholungsparadies in der Stadt

Moderne Schrebergärten präsentieren sich auch als Oasen zum Entspannen und Erholen abseits der Alltagshektik.

Kleingärten liegen auch in Großstädten oft so nah, dass sie, z. B. auch mit dem Fahrrad, auf kurzem Wege erreichbar sind.

selbstgebauten Baumhäusern oder erforschen einfach nur die Natur.

Im Gegensatz zu längst überholten Vorurteilen fühlen sich davon selbst ältere Schrebergärtner nicht gestört. Für sie – wie für die meisten anderen Kleingärtner auch – steht der Eigenanbau von gesundem Obst und Gemüse und das naturnahe Gärtnern im Vordergrund. Ein nicht unwichtiger Nebeneffekt ist dabei natürlich, dass man so auch den Geldbeutel spürbar entlasten kann.

Gesünder Leben

Neben der vielfältigen Pflanzenpracht gedeiht im Kleingarten auch die Gesundheit seiner Nutzer. Das ist nicht nur eine angenehme Begleiterscheinung beim Pflanzen und Pflegen, sondern häufig auch ein Hauptgrund für die Entscheidung zum Kleingärtnern – nämlich etwas für seinen Körper und die Gesundheit zu tun.

Gartenarbeit gilt als gute Vorbeugung gegen zahlreiche Zivilisationskrankheiten. Dazu zählen beispielsweise Bluthochdruck oder Herz-Kreislauf-Erkrankungen, die häufig auf schlechte Ernährung, zu viele Genussmittel und vor allem zu wenig Bewegung zurückzuführen sind. Von vielen Ärzten und Wissenschaftlern wird deshalb Gartenarbeit sogar ein hoher therapeutischer Wert beigemessen. Und natürlich tragen auch die Ruhe und Erholung, die man im Schrebergarten findet, zu einem gesunden Leben bei.

Auf dem Liegestuhl im Schatten der Bäume zu lesen oder im Ernteglück von den frischen Erdbeeren zu kosten – in der Kleingartenkolonie verwirklicht jeder Schrebergärtner sein individuelles Freizeitparadies. Keine Parzelle gleicht der anderen: Während die eine in erster Linie als Nutzgarten mit großen Gemüsebeeten und vielen Obststräuchern angelegt ist, zeigt sich die andere als Kinderparadies mit Schaukel und Sandkasten oder als bunter Liebhabergarten voller Rosen und Ziergewächse.

Verschiedene Stile

Die individuellen Vorlieben zeigen sich auch in den Gartenstilen: So findet sich hier auch der klassische Bauerngarten direkt neben einem mediterran gestalteten Erholungsgarten. Ganz frei in der Gestaltung ist man aber nicht – man muss sich an der vorgeschriebenen „Gartenordnung" orientieren.

Neue Lust auf Schrebergärten

Vorgeschrieben: Die Gartenordnung

Kleingärten zählen zum festen Bestandteil unserer Städte – ebenso wie beispielsweise Spielplätze. Und genau wie bei diesen gibt es für die Anlage und Nutzung von Schrebergärten Vorschriften. Diese sind im Bundeskleingartengesetz festgeschrieben.

Wichtigster Bestandteil ist die „Gartenordnung". Diese regelt den gestalterischen Freiraum der Kleingärtner im Hinblick auf „die Gestaltung der Gesamtgartenanlage und den Natur- und Umweltschutz".

Die Verantwortung für die Einhaltung der Gartenordnung trägt laut Bundeskleingartengesetz der Kleingartenverein. Diesem wird seitens der jeweiligen Gemeinde oder Stadt das Grundstück für eine Kleingartenanlage verpachtet. Die Einzelgrundstücke dieser Anlage – die sogenannten Parzellen – werden wiederum durch den Kleingartenverein an interessierte Bewerber unterverpachtet. Daher ist der Vereins-Vorstand auch der Ansprechpartner für alle Kleingärtner in spe.

Die Größe der Parzellen – meist 400 qm –, aber auch die Höhe der Pacht sind ebenfalls durch das Bundeskleingartengesetz bestimmt. Und das aus gutem Grund. Denn hinter den gesetzlichen Vorschriften steht eine klar definierte, soziale Absicht: Die Grundstücke dürfen nämlich ausschließlich zur „nicht erwerbsmäßigen, gärtnerischen Nutzung, insbesondere zur Gewinnung von Gartenbauerzeugnissen für den Eigenbedarf und zur Erholung" verwendet werden. Deshalb werden sie so kostengünstig wie möglich vergeben, damit sich möglichst viele Menschen den kleinen Luxus eines eigenen Gartens leisten können.

Starke Verbände

Um diesen Grundgedanken zu stärken und die Kleingartenkolonien zu erhalten, haben sich die Kleingartenvereine zur besseren Vertretung ihrer Interessen zu Landesverbänden und einem „Bundesverband Deutscher Gartenfreunde" zusammengeschlossen. Diese setzen sich unter anderem intensiv dafür ein, dass Städte und Kommunen in ihren Bebauungsplänen weitere Kleingartenkolonien ausweisen, um noch mehr Städtern den eigenen kleinen Garten zu ermöglichen.

Die Interessen der Kleingärtner finden in den letzten Jahren immer mehr politischen Widerhall, allen voran beim Bundesgesundheitsministerium, das als einer der Schirm-

Vorgeschrieben: Die Gartenordnung

herren fungiert. Hier ist man der Überzeugung: „Gesundheitsvorsorge muss dort stattfinden, wo die Menschen wohnen und arbeiten. Dafür ist der Kleingarten der ideale Ort".

Ökologischer Beitrag

Auch das Bundesbauministerium betont die wichtige Rolle der Kleingärten. Hier betrachtet man sie als wichtigen Teil des Grünflächensystems der Städte. Besonders ihr Beitrag zur Verbesserung des Stadtklimas, zur Lärmminderung und zum Bodenschutz wird von dieser Seite hervorgehoben.

Nicht unwesentlich für die Wertschätzung des Schrebergartentums ist zudem ein umweltpolitischer Aspekt: So senken die kurzen Wege von der Wohnung zum Kleingarten den Energieverbrauch und die schädlichen Autoabgase gegenüber aufwändigen Ausflugstouren ins Grüne.

Die Anerkennung, die den Kleingärten als wichtige ökologische Institution gezollt wird, zeigen auch die Wettbewerbe, die Bundesministerien in Zusammenarbeit mit den Kleingärtnern ausschreiben. Gewürdigt werden dabei beispielsweise Kleingartenanlagen, die sich verstärkt für die Erhaltung von Lebensräumen heimischer Pflanzen und Tiere einsetzen. Ausgezeichnet werden aber auch Anlagen, die besonders aktiv zur Verschönerung des städtischen Umfelds beitragen.

Europäische Bewegung

Sogar auf europäischer Ebene finden die Kleingärtner mittlerweile Beachtung. Sie haben sich grenzüberschreitend als „Office International du coin de terre et des jardins familiaux" zusammengeschlossen. Ihre Kernforderung ist die „systematische Schaffung von zahlreichen Kleingärten in Europa". Und ihre Stimme wird gehört – zum Beispiel bei Resolutionen der Europäischen Union.

◄
Trotz verschiedenster Gesetze, Verordnungen und Regelungen bezüglich der Kleingartengestaltung ist es natürlich immer auch möglich, ganz individuelle Gestaltungsakzente zu setzen.

▼
Ob 'allotment gardens' in England, 'jardins d'ouvrier' in Frankreich oder 'huertos familiar' in Spanien: Schrebergärten verbinden Menschen in ganz Europa.

Neue Lust auf Schrebergärten

Die Geschichte einer sozialen Grundidee

▲ Dr. Schreber im Kreis der Kinder, für die er mit den Gärten Spielparadiese in freier Natur schaffen wollte.

▶ Über die Jahrhunderte hinweg entwickelten sich die Kleingärten zu Versorgungs- und Erholungsstätten vieler Stadtfamilien.

Was heute wieder in ist, gestern als absolut uncool galt, begann schon – vor 150 Jahren – mit einer fast revolutionären Forderung: Der Leipziger Arzt Dr. Gottlob Moritz Schreber setzte sich Mitte des 19. Jahrhunderts aktiv für die Verbesserung der Volksgesundheit ein. Vor allem das Wohl der Kinder lag ihm am Herzen. Deshalb forderte er „Grünflächen, die den Kindern als Spielflächen dienen und so ihrer Gesundheit förderlich sein können".

Die Armengärten

Gilt der Besitz eines Schrebergartens heute eher als Freizeitvergnügen, das gerne mit modernen Schlagworten wie Hobby oder Wellness verbunden wird, war er noch vor 200 Jahren eine Einrichtung, um Armut und Elend entgegenzuwirken.

Preiswert zur Verfügung gestellte Grundstücke zur gärtnerischen Nutzung sollten wenigstens Hunger und Unterernährung der zu Beginn des 19. Jahrhunderts explosionsartig gewachsenen Bevölkerung mindern.

1814 wurde ein erster „Armengarten" von Pastor Friedrich Christian Heinrich Schröder in Kappeln an der Schlei gegründet. In Folge der napoleonischen Kriege litten dort die Menschen damals große Not.

Auf einem Kirchengrundstück ließ der Geistliche 24 Gartenparzellen anlegen, die er an Bedürftige verpachtete. Der Pfarrer erließ zugleich Gartenregeln, für deren Einhaltung der Vorstand der Pächter zu sorgen hatte. Damit waren schon damals alle wichtigen Elemente der noch heute gültigen Kleingartenstruktur vorhanden: Gartenordnung, Vorstand und Parzellenpächter.

Die Carlsgärten

Auch der Landgraf Carl von Hessen wollte als königlicher Statthalter der Herzogtümer Schleswig und Holstein – unter dänischer Verwaltung – gegen Armut und Elend vorgehen. Er schuf die sogenannten „Carlsgärten" auf seinem Land, um

Die Geschichte einer sozialen Grundidee

den bedürftigen Menschen Grund und Boden zur Bewirtschaftung und Eigenversorgung zur Verfügung zu stellen.

Auch er erließ strenge Vorschriften für die Ausgestaltung der Gärten, die ebenso als erste Kleingartenordnung bezeichnet werden. Als Politiker erwirkte der Graf bereits 1819, dass die Magistrate, die Spitze der städtischen Verwaltung, kommunales Land als Gartenland an arme Familien verpachteten.

Daraufhin gründete die Stadt Schleswig 1820 den ersten Armengarten. Die Kieler „Gesellschaft freiwilliger Armenfreunde" wies erstmals Parzellen in der Größe von 400 qm aus und vergab sie für geringe Pacht. Danach wurden auch in anderen deutschen Städten Parzellen dieser Größe vergeben, die sich bis heute als Einheitsgröße hält.

Mit der zunehmenden Industrialisierung, besonders in den 1830er- und 1840er-Jahren, drängten immer mehr arme Menschen vom Land in die Fabriken der Städte. Dort war die Zeit geprägt von Kinderarbeit, einem 14-Stunden-Arbeitstag und Nahrungsmittelknappheit. Die Arbeiter und ihre Familien litten unter Krankheiten und einer hohen Sterblichkeitsrate.

Einige Politiker und Ärzte, Geistliche und fortschrittliche Industrielle erkannten die schwerwiegenden Folgen der schlechten Lebensverhältnisse und erwogen verschiedene Lösungsmöglichkeiten.

Die Arbeitergärten

Um einen gesunden Ausgleich für die schwere Fabrikarbeit zu schaffen, wurde Gartenland billig an Ar-

Dr. D. G. M. Schreber

Der Orthopäde Dr. med. Daniel Gottlob Moritz Schreber (1808 – 1861) entwickelte in Leipzig die systematische Heilgymnastik, um die „Volksgesundheit" zu fördern. Als Wissenschaftler untersuchte er die Gesundheit von Stadtkindern zu Beginn der Industrialisierung. Er forderte öffentliche Spielflächen zur körperlichen Ertüchtigung für die Jugend. Erst 1864 wurde ein erster Spiel- und Sportplatz nach ihm benannt. 1870 folgte die Gründung des ersten Schrebergartens in Leipzig.

Neue Lust auf Schrebergärten

Ernst I. Hausschild

Der Leipziger Lehrer Ernst Innozenz Hausschild (1808 – 1866) führte als Anhänger der Turnbewegung das Mädchenturnen ein und pachtete mit Unterstützung Leipziger Bürger eine Turnwiese, wo Kinder unter Aufsicht von Erziehern wettlaufen, tauziehen oder sackhüpfen konnten. Zu Ehren seines Schwiegervaters, Daniel Schreber, wurde die Wiese „Schreberplatz" genannt. Später wurden ringsum Gärten für die Kinder angelegt.

beiter vermietet. Auch die Wohlfahrtsverbände und Arbeitervereinigungen setzten sich dafür ein. In den grauen Industriestädten des Kaiserreichs entstanden so bis Mitte des 19. Jahrhunderts „Rote Kreuz Gärten", „Arbeitergärten" oder auch „Eisenbahnergärten".

Die später sogenannten Schrebergärten gehen auf das soziale Engagement eines Leipziger Schuldirektors, Dr. Ernst Innozenz Hausschild, zurück. Was noch 1865 als „Spielplatz" für die Kinder von Fabrikarbeitern gedacht war, und später mit „Kinderbeeten" sinnvoll erweitert wurde, sollte schon 1869 zur parzellierten Kleingartenanlage werden.

Namensgeber wurde jedoch der Leipziger Arzt Dr. Daniel Gottlob Moritz Schreber, der sich schon zuvor für Grünflächen zum Spielen seiner Schützlinge eingesetzt hatte. Denkmalschützer haben diese erste Kleingartenanlage „Dr. Schreber" zur historischen Anlage erklärt, wo seit 1996 ein Kleingärtnermuseum zu besuchen ist.

Das Beispiel Leipzigs fand in ganz Deutschland immer mehr Nachahmer. Für die Schrebergärtner blieb der pädagogische Grundgedanke weiterhin maßgebend. Es gab einen Spielausschuss, eine Spielleitung und auch einen Gartenausschuss. Das Gemeinschaftsgefühl sollte durch gemeinsame Feste und Vereinsarbeit in der Anlage gestärkt werden. Spielplätze und Turnwiesen bildeten den Mittelpunkt, um den herum sich Gärten, Beete und Bäume befanden.

Um die „eigene Scholle" – die damals juristisch verwendete Bezeichnung für eigenes bewirtschaftetes

Die Geschichte einer sozialen Grundidee

Kleingartenmuseum

Wirklich hautnah nacherleben lässt sich die spannende Entwicklung der Kleingartenbewegung im einzigen deutschen Schrebergartenmuseum. Das 1996 in Leipzig gegründete Museum befindet sich im weltweit ersten Schreber-Vereinshaus. Der liebevoll nachgebildete Museumsgarten aus der Zeit um 1900 mit einer der ältesten deutschen Gartenlauben von 1880 sowie weitere historische Lauben machen hier Geschichte lebendig. Besonders mit der Nachbildung des Spielplatzes von 1900 wird Geschichtsunterricht anschaulich. Zum aktiven Lernen laden die Spezialführungen für Schüler ein.

*Deutsches Kleingärtnermuseum
Aachener Strasse 7
04109 Leipzig
Tel. 0341 26 18 697
Öffnungszeiten: Di.–Do. 10–16 Uhr
www.kleingarten-museum.de*

Land, das Feldfrüchte bringt – für jedermann erschwinglich zu halten, erließ die Weimarer Republik am 31. Juli 1919 die „Kleingartenordnung und Kleinpachtlandverordnung". Darin heißt es: „Grundstücke zur nichterwerbsmäßigen gärtnerischen Nutzung dürfen nicht zu höheren als in den der unteren Verwaltungsbehörde festgesetzten Preisen verpachtet werden". Diese Vorschrift hat bis heute Gültigkeit bewahrt.

▲ *Besonders nach dem Zweiten Weltkrieg trugen die Schrebergärten stark zur Versorgung der Bevölkerung bei.*

◄ *Die Schrebergärten im deutschen Kleingärtnermuseum präsentieren sich als liebevoll gepflegte historische Stätten.*

Mit zunehmender Wohnungsnot noch Ende des 19. Jahrhunderts bauten die Schrebergärtner dann auch Lauben auf ihre Grundstücke. Besonders in Berlin gab es eine Laubenkoloniebewegung, die legendären „Laubenpieper".

Die meisten Schrebergärten entstanden in Deutschland nach dem Ersten Weltkrieg. Aber auch die entbehrungsreiche Nachkriegszeit des Zweiten Weltkriegs brachte neue Schrebergärten zur Verbesserung der Nahrungsmittelversorgung hervor. Die Lauben wurden zu Notwohnungen, den sogenannten Behelfsheimen.

In den 1960er-Jahren, zu Zeiten des Wirtschaftswunders, mussten viele Kleingartenanlagen und Einzelparzellen für neue Wohnungsbauprojekte geräumt werden. Dafür entstand später jedoch Ersatz.

Neue Lust auf Schrebergärten

Neue Nutzer – neue Kleingärten

In den darauf folgenden Jahren traten die rein wirtschaftlichen Gründe für die Schaffung von Kleingartenanlagen in den Hintergrund. Viel wichtiger wurden ihre städtebaulichen und ökologischen Aspekte.

Einen Teil der „Grünen Lunge" in den Ballungszentren zu spenden, Licht und Luft in bebaute Gebiete zu bringen und damit einen Ausgleich für die immer stärker versiegelten Gebiete zu leisten – diese Aspekte stehen heute bei der städtischen Planung von Schrebergartenanlagen im Vordergrund.

Das schlägt sich auch im Selbstverständnis der Kleingärtnervereinigungen nieder. So sieht ihr Verband „ein nachhaltiges Kleingartenwesen als Bestandteil der sozialen Stadt". Er möchte den Bestand der vorhandenen Kleingartenanlagen sichern und „eine sinnvolle, gärtnerische Betätigung und Erholung von Bürgern aller Bevölkerungsschichten in ihrer Freizeit ermöglichen." Zugleich betonen die Kleingärtner, welchen positiven Beitrag sie für das Zusammenleben in einer Stadt und für die Umwelt leisten.

4 Millionen Kleingärtner

Die sozialen und ökologischen Vorteile, die das Kleingärtnern mitsichbringt, werden dabei seit einigen Jahren zunehmend positiv von einer breiten Öffentlichkeit wahrgenommen. Und so hat sich das Image der einst als spießig angesehenen Schrebergärten grundlegend gewandelt.

Insgesamt gibt es in Deutschland derzeit rund eine Million Kleingärten. Sie bedecken eine Fläche von über 45.000 Hektar und werden von über vier Millionen Menschen intensiv genutzt. Und viele weitere Menschen warten darauf, dass sich auch für sie eine Möglichkeit eröffnet, einen Schrebergarten pachten zu können.

Angebote für jeden

Zum Image- und Interessenwandel trägt maßgeblich bei, dass die Schrebergärtner den veränderten

Die Geschichte einer sozialen Grundidee

Lebensbedingungen und unterschiedlichen Lebensentwürfen der Menschen Rechnung tragen. In der Kleingartenkolonie von heute hat nicht nur der sture Nutzgärtner Platz: Die Vereine respektieren die individuellen Vorstellungen und Vorlieben ihrer Mitglieder bezüglich ihres grünen Fleckchens. „Jeder soll sich einbringen, entwickeln und entfalten können", erklärt der Verband in seinem Leitkonzept und öffnet sich Gartenfreunden aller Generationen und jeglicher Herkunft.

Generationswechsel

Das belegt auch der Generationswechsel, der sich in den Schrebergärten vollzogen hat. Das Durchschnittsalter der deutschen Kleingartenpächter ist in den letzten Jahren von vormals 57 Jahren auf Mitte 40 gesunken. Wahrscheinlich liegt es aber sogar noch darunter. Denn: Wo häufig noch der Opa als Eigentümer eingetragen ist, haben längst die Enkel den Spaten in die Hand genommen.

Dass sich die Schrebergärten weiter verjüngen werden, zeigt sich an den vielen jungen Familien, die derzeit die größte Bewerbergruppe darstellen; in zahlreichen Städten gibt es sogar Wartelisten. Denn: Was bereits der Namensgeber Dr. Schreber

◄ Über 4 Millionen Menschen nutzen die deutschen Kleingärten in ihrer Freizeit als grüne Erholungsflächen.

▶ Die Atmosphäre in den Kolonien ist längst nicht mehr nur von unattraktiven Nutzgärten geprägt, sondern zeigt ein ansprechendes Gesamtbild.

Neue Lust auf Schrebergärten

Viele Kleingartenvereine sehen im Vermitteln von Naturerfahrungen für Kinder sogar eine Hauptaufgabe. So hat man in den lezten Jahren beispielsweise in einer ganzen Reihe von Schrebergartenanlagen Lehrpfade und Schulgärten angelegt.

Gesundheitsbewusstsein

Auch eine weitere Uridee des Kleingartens feiert eine Renaissance – wenn auch unter anderen Vorzeichen: Während es zu Beginn der Kleingartenbewegung vor allem darum ging, mit den Erträgen der Parzelle überhaupt etwas auf den Tisch bringen zu können, stehen heute frische und gesunde Nahrungsmittel im Vordergrund. Selbst gezogenes Obst und Gemüse ist wieder in – der Bio-Boom hält an.

Das steigende Bewusstsein für eine gesunde Ernährung beschert den Kleingartenvereinen weiteren Zulauf. So sind zahlreiche Anfragen nach freien Parzellen mit dem Wunsch verbunden, den Speiseplan mit frischem Gemüse aus dem eigenen Garten zu bereichern. Dass man durch den Anbau von selbst gezogenem Obst und Gemüse, Salat und Kräutern auch heute noch den Geldbeutel nachhaltig entlasten kann, steigert zudem die Motivation.

für die Kinder seiner Zeit forderte, ist für den Nachwuchs von heute immer noch aktuell: Die Möglichkeit zu haben, auch in der Natur aufzuwachsen.

Angesichts der Lebensbedingungen von vielen Stadtkindern, die vielerorts in reinen Betonschluchten aufwachsen, ist der Wunsch der Familien nach einem Schrebergarten allzu verständlich. Die Eltern wollen ihrem Nachwuchs in der Gartenkolonie den ansonsten fehlenden Spielraum im Grünen bieten. Mehr noch: Die Kleinen sollen die Natur bewusst erleben können. Schon die Jüngsten sollen erfahren, wie man beispielsweise Gemüse pflanzt, und beobachten können, wie mit der Zeit aus einem kleinen Setzling eine ausgereifte Pflanze entsteht.

◄
Viele Familien gestalten ihre Parzelle nicht nur als Pflanzenparadies, sondern vor allem als grünen Spielplatz.

►
Dem Altag entfliehen und in natürlicher Umgebung einfach einmal tief durchatmen – auch das ist der Schrebergarten von heute.

Die Geschichte einer sozialen Grundidee

Der Gesundheitsaspekt spielt aber auch noch unter einem anderen Vorzeichen eine wichtige Rolle: Viele Erwachsene, allen voran Berufstätige, suchen und finden im Schrebergarten einen Ausgleich für ihr stressiges Alltagsleben.

Schöne Wellness-Oasen

Viele Menschen empfinden die mit der Gartenarbeit verbundene Bewegung in frischer Luft als wohltuend und gesundheitsfördernd. Mehr noch: Das kleine Grün vor den Toren der Stadt erleben sie als Wohlfühl- und Wellness-Oase.

Dementsprechend gleichen heute viele Schrebergärten kleinen Entspannungsparadiesen. Das zeigt sich beispielsweise an liebevoll gestalteten Zierbeeten und einladenden Ruhe- und Liegeplätzen.

Dass dies möglich ist, verdanken die Mitglieder toleranten Vereinsstrukturen. Zwar legt man weiterhin Wert darauf, dass der Schrebergarten auch als Nutzgarten betrieben wird – die Zeiten aber, als jede Parzelle über ein großes Gemüsebeet verfügen musste, sind passee.

Heute akzeptieren viele Vereine auch, wenn Obst- und Gemüsepflanzen locker in die Gartengestaltung eingebunden sind und die Eigenversorgung nicht mehr an erster Stelle steht.

Tolerantes Miteinander

Toleranz zeigt sich aber auch noch auf einer anderen Ebene: In den deutschen Kleingartenanlagen kommen inzwischen Menschen aus mehr als 80 Nationen zusammen. Fast zehn Prozent aller Kleingärtnerinnen und Kleingärtner haben einen Migrationshintergrund. In einigen Städten liegt der Ausländeranteil sogar bei 30 Prozent.

Probleme gibt es dabei nur wenige. Die Integration von Ausländern funktioniert im Kleingarten vorbildlich. Die Gründe dafür sind vielschichtig. Ganz wichtig ist, dass man die gleichen Interessen teilt. Beim Gärtnern geht man aufeinander zu und lernt voneinander.

So empfindet man es in den Vereinen beispielsweise als Bereicherung, dass die nicht-deutschen Gartenfreunde ihr landestypisches Gemüse anpflanzen und ihre eigenen gärtnerischen Traditionen einbringen. Viele ausländische Kleingärtner verfügen zudem über viel gärtnerische Erfahrung, von denen die Nachbarn in der Kleingartenkolonie profitieren.

Neue Lust auf Schrebergärten

Der Weg zum Schrebergarten

Wer sich mit dem Gedanken trägt, einen Kleingarten zu pachten, sollte zunächst einige wichtige Grundfragen bedenken und prüfen. Denn der Schrebergarten ist in vielen wichtigen Punkten nicht mit dem Garten am eigenen Haus zu vergleichen.

Ein Kleingarten ist in der Regel etwa 400 qm groß, manche Parzellen messen auch nur 200 qm. Aber auch die kleineren Gärten wollen angelegt, gepflegt und bewirtschaftet werden. Und das ist mit einem nicht zu unterschätzenden Arbeits- und Zeitaufwand verbunden.

Die zentrale Frage, ob, wann und wie man einen Garten gestaltet und pflegt, wird zuhause lediglich von den persönlichen Vorstellungen des Besitzers bzw. seiner Familie bestimmt. Im Schrebergarten hingegen verpflichtet man sich bezüglich der Gestaltung, der zeitlichen Nutzung und Pflege gegenüber der Kleingartengemeinschaft und dem Natur- und Umweltschutz. Dazu stellt die gesetzliche Kleingartenordnung detaillierte Regeln auf.

Kleine Auflagen

Zwar kann man im Schrebergarten – wie im Garten zuhause – zwischen verschiedensten Gestaltungsmöglichkeiten wählen, im Schrebergarten gibt es allerdings – durchaus zumutbare – Auflagen. Gemessen an den Vorteilen, die die eigene Parzelle bietet, sind eventuelle Nachteile gut zu verschmerzen.

Da das Leben im Kleingarten nicht nur Arbeit, sondern vor allem Spaß machen soll, werden die strengen Vereinsvorschriften oft sehr moderat umgesetzt – auch schon allein deshalb, weil das den jungen Familien entgegenkommt.

Der Weg zum Schrebergarten

Die Verpflichtung im Schrebergarten auch tatsächlich einen Teil Obst und Gemüse anzubauen, setzt eine gewisse Freude an Gartenkultur und Gartenarbeit des zukünftigen Kleingärtners voraus.

Miteinander im Garten

Ob die Familie das Interesse teilt und sich an den Arbeiten und Aktivitäten im Garten und in der Anlage beteiligen möchte, klärt man besser im Vorfeld einer endgültigen Entscheidung. Denn: Ein Kleingarten ist mehr als nur anbauen, pflegen und ernten von Obst und Gemüse.

Neben der verdienten Erholung geht es in der Schrebergartenkolonie um das Miteinander von Menschen verschiedenster Generationen und Herkunft.

Attraktive Vereine

Als Kleingärtner wird man Vereinsmitglied und somit Teil einer Gemeinschaft. Ein Verein ist dabei immer von den Menschen geprägt, die in ihm wirken. So werden beispielsweise je nach Vereinsphilosophie die Vorschriften der Gartenordnung mehr oder weniger streng ausgelegt.

Die Vereinsphilosophie ist dabei zugleich auch von der Mitgliederstruktur abhängig. Je aufgeschlossener die Vereinsleitung gegenüber neuen Ideen ist, desto jünger sind in der Regel die Mitglieder.

Meistens ist es die gute Mischung verschiedener Altersgruppen und Nationalitäten in einer Kolonie, die einen Kleingartenverein und damit auch das Pachten einer Parzelle besonders attraktiv macht. In der Regel freuen sich die „alten Hasen" über junge Mitglieder und Familien, die mehr Leben in die Anlage bringen. Die Neulinge hingegen profitieren von den Erfahrungen und guten Tipps der Alteingesessenen. Ausländische Kleingärtner bereichern zudem das Leben in der Kolonie durch ihre gärtnerischen Traditionen.

Dass das Leben in der Kolonie auf eine rege Gemeinschaft abzielt, zeigen auch eine ganze Reihe von Regeln der Kleingartenordnungen. So dürfen beispielsweise Hecken zwischen einzelnen Parzellen in der Regel bestimmte Höhen nicht überschreiten. Dies soll nicht nur gegenseitige Sichtbehinderungen oder übermäßige Verschattungen der Nachbarparzellen vermeiden – sondern vor allem die Offenheit der Anlage in jeder Hinsicht unterstreichen.

Hier soll und kann sich niemand komplett abschotten und ein Einsiedlerleben führen – Gemeinschaft wird großgeschrieben. Denn die Vereine verstehen sich nicht zuletzt auch als soziale Institution.

◄
Der Weg zum eigenen Schrebergarten führt über die Kleingartenvereine, die die Parzellen verpachten.

▲
Mit der Pacht eines Schrebergartens verpflichtet man sich zugleich, die Gesamtanlage zusammen mit den anderen Pächtern zu pflegen.

Neue Lust auf Schrebergärten

Pflichtstunden

Über die Pflege der eigenen Parzelle hinaus muss jeder Pächter sich bei der Pflege der Gesamtanlage einbringen. Dazu sind einige wenige Pflichtstunden bei gemeinnützigen Arbeiten abzuleisten, meist vier mal drei Stunden pro Jahr.

Im Rahmen dieser Arbeiten pflegt man beispielsweise das Gesamtbild der Anlage. Die Mitglieder befreien die Zugangswege von Unkraut, mähen Rasenflächen, reinigen den Spielplatz oder verschönern den Gemeinschaftsteich am Clubhaus.

Natürlich werden bei den Aufgaben die Neigungen und Fähigkeiten der Einzelnen berücksichtigt. So hat ein neues Mitglied mit Organisationstalent vielleicht Spaß daran, das Sommerfest vorzubereiten, ein anderes bringt möglicherweise seine Heimwerkererfahrung bei kleinen Reparaturarbeiten ein.

Wenn man sich die Grundidee des Schrebergartens noch einmal verdeutlicht, sind auch die daran gebundenen Auflagen leichter nachzuvollziehen. Durch preiswert zu pachtendes Land wollen die Städte und Gemeinden – für jeden bezahlbar – die Möglichkeit zur besseren Versorgung mit Nahrungsmitteln sicherstellen.

Mit dieser Regelung bestimmt das Bundesgartengesetz für die Kleingärten einen Sonderstatus zum Beispiel gegenüber Campingplätzen oder Ferienparks, die rein freizeitorientiert sind. Im Gegenzug verpflichten sich die Kleingartenvereine – und damit auch ihre Mitglieder –, soziale, ökologische und städtebauliche Aufgaben zu übernehmen.

Viel Engagement

Über die Pflichtstunden hinaus engagieren sich deshalb viele Kleingärtner ehrenamtlich: So gibt es mancherorts sogenannte Tafelgärten, deren Erträge bedürftigen Mitbürgern zur Verfügung gestellt werden.

In anderen Vereinen wiederum setzt man sich für die Bildung ein: Die Mitglieder öffnen ihre Kleingartenanlagen für die Allgemeinheit und legen beispielsweise Lehrpfade an. Andere Vereine wiederum stellen freie Parzellen als Schulgärten zur Verfügung.

Die Privatsphäre

Normalerweise bedeutet die Mitgliedschaft im Kleingartenverein kein übertriebenes Zusammenglucken. Im Gegenteil: Neben einem regen Gemeinschaftsleben wahrt hier jeder sein persönliches Maß an Privatsphäre und Ruhe – und respektiert auch die individuellen Bedürfnisse der anderen Vereinsmitglieder.

Auf der anderen Seite entstehen durch die gemeinsamen Aktionen oder Feste sehr gute nachbarschaftliche Beziehungen. Und nicht selten erwachsen durch das Miteinander sogar Freundschaften.

▲
Das Vereinsheim ist der soziale Mittelpunkt jeder Schrebergartenkolonie.

▶
Freie Parzellen findet man durch die Suche im Internet oder durch Anfragen bei den Vereinen bzw. ihren Dachorganisationen.

Der Weg zum Schrebergarten

Die Parzellensuche

Stimmen die erwähnten Anforderungen und Auflagen mit den Wünschen und Vorstellungen des Kleingärtners in spe überein, kann die konkrete Suche nach einer geeigneten Kleingartenanlage mit der idealen Wunschparzelle beginnen. Die richtige Kleingartenanlage sollte Sympathie ausstrahlen und den eigenen Vorstellungen entgegenkommen.

Dabei ist es empfehlenswert, sich an einen Kleingarten in Wohnortnähe zu wenden. Kurze Wege sind praktisch, kostengünstig und auch umweltfreundlich.

Die meisten Kleingartenkolonien finden sich im örtlichen Telefonbuch unter dem Begriff „Kleingarten". Im Internet sind sie unter „Kleingartenverein in ….(Name der Gemeinde bzw. Stadt)" schnell zu googeln. Manchmal findet man hier auch Kleingarteninserate für freie Parzellen in der jeweiligen Anlage. Und: Manche Kleingartenvereine haben auf ihrer Internetseite ihr Leitbild oder ihre Ansprüche an zukünftige Mitglieder sowie Hinweise zum Bewerbungsverfahren formuliert.

Bei Interesse wendet man sich dann an den Verein bzw. den für die Anlage zuständigen Bezirksverband. Hier kann man sich bei Bedarf weitergehend informieren oder sich direkt um die Mitgliedschaft in einem bestimmten Verein und die betreffende Parzelle bewerben.

Praxistipp

Bei einem Spaziergang durch die Kleingartenanlagen in der Nachbarschaft und Umgebung lassen sich schon erste Eindrücke gewinnen. Das Gestaltungsbild und die Begegnung mit den Menschen dort spiegeln die Atmosphäre des Vereins. Die Kleingartenanlagen sind öffentlich und stehen jederzeit offen. In Gesprächen erfährt man interessante Einzelheiten zum Kleingärtnerdasein im Allgemeinen und natürlich auch zur jeweiligen Anlage.

Wie streng kontrolliert der Vorstand die Einhaltung der Gartenordnung, sind die Kleingärtner in dieser Anlage offen für moderne Gestaltungsideen, wie steht es mit der Umsetzung ökologischer Ansätze in den Gärten? Das sind wichtige Fragen, die man an andere Kleingartenpächter richten kann.

Neue Lust auf Schrebergärten

Die Bewerbung

Die Bewerbung wird in der Regel an den zuständigen Kleingartenverband oder an den Verein direkt gerichtet. Dazu gibt es auf der Internet-Seite der Verbände oder auf Anfrage beim Verein Bewerbungsvordrucke.

Mit der Übernahme einer Parzelle wird ein Abschlagzahlung für die Laube bzw. den gesamten Kleingarten fällig. In der Bewerbung sollte man deshalb angeben, welche Summe man höchstens bereit ist, zu investieren.

Bei einigen Vereinen kann man sich aber auch mit einem formlosen Schreiben bewerben. Neben den Angaben zur Person und zur Familie sollten die konkreten Beweggründe für die Bewerbung um eine Parzelle aufgezeigt werden. Wenn man ein bestimmtes Grundstück im Auge hat, kann man dies natürlich ebenfalls in der Bewerbung angeben.

▲
Der Preis der Parzelle wird von einer Komission ermittelt. Das Inventar kann man, muss man aber nicht übernehmen.

▶
Der Wert hängt nicht nur von der Größe des Grundstücks ab, sondern auch von dessen Gesamtzustand.

Der Kauf

Falls eine Parzelle frei ist, wird der Bewerber zu einem Bewerbungsgespräch eingeladen. Verläuft dies positiv, wird ein schriftlicher Pachtvertrag abgeschlossen. Mit der Unterschrift wird man zugleich als Mitglied in den Kleingartenverein aufgenommen. Und: Man erklärt sich einverstanden, die Kleingartenordnung zu akzeptieren.

Doch auf jeden neuen Pächter kommen zunächst Kosten zu. Schon bald fallen die Übernahmekosten für die Parzelle, die laufenden Kosten sowie der Vereinsbeitrag an.

Eine Parzelle wird mit Laube, Pflanzen und meist auch dem Gartenwerkzeug vom Vorpächter über-

Der Weg zum Schrebergarten

nommen. Der Preis für die fällige Abstandszahlung wird durch eine unabhängige Expertenkommission ermittelt.

Die Wertermittlung

Wofür genau gezahlt werden muss, ist im Bundesgartengesetz festgeschrieben. In die Wertermittlung fließen folgende Ausstattungen des Kleingartens ein:

▶ die Gartenlaube
▶ die Bepflanzung des Gartens mit Bäumen, Büschen und anderen Pflanzen
▶ Pflasterung der Wege und Terrassen
▶ Kompostsilos
▶ Gartenzäune
▶ Pumpenbohrung
▶ gegebenenfalls weitere Kostenfaktoren

Der Wertermittler erstellt dazu ein Schätzprotokoll und legt darin den Gesamtwert der Parzelle fest. Diese Summe steht dem Vorpächter zu.

Bei einem gepflegten Garten mit guter Laube kann die Summe zwischen 3000 und 6000 Euro liegen. Eine Übernahmepflicht von Inventar wie Gartengeräten oder Laubenmobilar besteht dabei nicht. Ein verwilderter Garten ohne oder mit baufälliger Laube ist entsprechend günstiger. Dann sind allerdings – besonders am Anfang – höhere Kosten für die Instandsetzung oder Neupflanzungen einzukalkulieren.

Nicht statthafte Bauten wie beispielsweise ein nicht genehmigter Anbau an die Laube oder falsche Bepflanzungen wie zu hohe Bäume werden als Mängel gewertet. Diese mindern den Schätzwert. Das bedeutet aber auch, dass man zusätzliche Kosten für die Entsorgung der bemängelten Kleingartenteile einkalkulieren muss. Und das kann teuer werden, wenn man zum Beispiel nicht genehmigte Fäkalientanks oder gar Sondermüll entsorgen muss.

Es ist deshalb grundsätzlich ratsam, solche Mängel des Kleingartens vom Vorpächter auf dessen Kosten beseitigen zu lassen. Auch wenn der vorgeschlagene Preisnachlass verlockend erscheint – den wahren Umfang der Arbeiten und die damit verbundenen Kosten überschaut man vor allem als unerfahrener Gärtner nur selten.

Ist der Preis angemessen und hat man alle offenen Fragen geklärt, steht dem Kauf der Parzelle nichts mehr im Wege. Dann muss der Übernahmepreis entsprechend dem Abschätzprotokoll an den alten Pächter (oft bar) gezahlt werden.

Falls man nicht im Protokoll enthaltene Gartengeräte oder Laubeninventar übernehmen möchte, sollte dafür ein gesonderter Kaufvertrag abgeschlossen werden. Die Vereinbarung treffen Vor- und Neupächter unter sich. Wenn man sich allerdings unsicher fühlt, ob der Preis gerechtfertigt ist, kann man sich Rat beim Vorstand des Kleingartenvereins einholen.

Neben den einmaligen Übernahme-

Praxistipp

Der zukünftige Pächter muss bei der Parzellenübernahme nicht allen Bedingungen zustimmen, die der Verein, vor allem aber der Vorpächter stellt. Sollte es strittige Punkte geben kann man beim Verband oder anderen erfahrenen Kleingärtnern Rat suchen. Hier ist man gern behilflich.

Die laufenden Kosten

kosten fallen laufende Kosten von insgesamt wenigen hundert Euro pro Jahr für folgende Posten an:

▶ Pacht
▶ Mitgliedsbeitrag
▶ Öffentlich-rechtliche Lasten wie Straßenreinigung und Grundsteuer
▶ Gebühren für Wasser, Abwasser und Strom
▶ Feuer- und Haftpflichtversicherung für die Laube

Die letzgenannten Versicherungen für die Laube sind Pflicht. Empfehlenswert ist aber auch eine Versicherung gegen Diebstahl und Einbruch, die von Versicherern relativ preisgünstig angeboten wird.

Die jährliche Pacht

Der Kleingärtner verpflichtet sich dem Verpächter – also dem Kleingartenverein – für die Nutzung des Gartens eine Pacht zu zahlen. Dieser Betrag wird im Allgemeinen entsprechend der Größe des Schrebergartens durch einen festen Betrag pro Quadratmeter und Jahr berechnet.

Die Bestimmungen des Bundeskleingartengesetzes sind hierbei maßgebend: Sie beschränken die Pacht zum Schutz der Kleingärtner und ermöglichen so, dass sich auch Bevölkerungsgruppen mit geringerem Einkommen einen Kleingarten leisten können. Deshalb beträgt die Pacht pro Quadratmeter immer noch nur wenige Cent im Jahr. Das bedeutet eine durchschnittliche Belastung von unter hundert Euro pro Jahr und Kleingarten.

Der Mitgliedsbeitrag

Der Kleingärtner wird mit dem Kauf einer Parzelle Mitglied des Kleingartenvereins. Er muss deshalb jährlich einen Mitgliedsbeitrag an den Verein zahlen. Zudem wird ein geringer weiterer Beitrag für den jeweiligen Bezirksverband fällig.

Der Mitgliedsbeitrag ist in den Vereinen unterschiedlich hoch, beträgt jedoch in der Regel unter 50 Euro pro Jahr. In diesem Preis ist auch der Verbandsbeitrag enthalten.

Lasten und Gebühren

Grundstücksbelastende Kosten wie die Kosten für Grundsteuern und Straßenreinigung werden pauschal oder in tatsächlich anfallender Höhe vom Verein auf die Mitglieder umgelegt.

Den Wasserverbrauch aus den allgemeinen Wasserpumpen und den Stromverbrauch in den vereinseigenen Gebäuden und Wegen legt der Verein ebenfalls auf die Parzellenpächter pauschal um. Der Strom- und Wasserverbrauch in den jeweiligen Schrebergärten muss natürlich von jedem Kleingärtner individuell gezahlt werden.

Versicherungen

Jeder Pächter schließt seine Versicherungen selbst ab. Die Kosten dafür sind aber ebenfalls relativ gering. In den Vereinen gibt es Versicherungsobmänner, bei denen man sich Rat holen kann.

Der Weg zum Schrebergarten

◄◄
Zu den Pacht- und Vereinskosten sind Ausgaben wie für die Wasserversorgung oder den Strom hinzuzurechnen.

▼
Bei der Neugestaltung von Parzellen fallen nicht nur Kosten für die Bepflanzung, sondern beispielsweise auch für Wege und Terrassen an.

Praxistipp

Es empfiehlt sich, mit Geduld die Entwicklung der vorhandenen Pflanzen zu beobachten, gerade dann, wenn der Garten im Winter übernommen wurde. Hilfreich sind dabei Informationen von Kleingärtnern, die den Garten gut kennen. In den Vereinen bekommt man zudem unentgeltlich Tipps von ehrenamtlichen, geprüften Gartenfachberatern.

Kosten für die Gestaltung

Als neuer Kleingärtner möchte man natürlich seinen Schrebergarten den eigenen Wünschen und Vorstellungen anpassen. Gut beraten ist hier, wer realistisch plant und die Kosten der wichtigsten Posten prüft. Je nach Gartenform wie beispielsweise Erholungs- oder Familiengarten sind verschiedene Ausstattungselemente notwendig. Die wichtigsten Kostenfaktoren sind:

▶ Neupflanzungen
▶ Um- oder Neubau der Laube
▶ Inventar und Gartenmöbel
▶ Anlage von Wegen
▶ Bau einer Terrasse
▶ Errichten von Zäunen, evtl. auch Sichtschutzzäune oder Pergola
▶ Wasser- und Elektroinstallation
▶ evtl. Aufbau von Spielgeräten
▶ evtl. Anlage eines Teiches

Eine sorgfältige Bestandsaufnahme der vorhandenen Pflanzen und baulichen Anlagen ist das A und O. Dabei gilt es zu klären, was weiter verwendet werden kann und was neu angeschafft werden soll.

Wenn es an die Neugestaltung geht, sollte man nichts überstürzen. Hier können unnötige Ausgaben vermieden werden, wenn vorhandene Pflanzen wie zum Beispiel Stauden richtig behandelt werden. Wer übereilt noch gute Kulturen beschädigt oder gar ganz beseitigt, schadet sich selbst.

Dabei muss nicht alles über Nacht neu entstehen. Am besten stellt man einen Plan auf, worin sofort investiert werden soll und was auch später noch realisiert werden kann.

Neue Lust auf Schrebergärten

Die wichtigsten Regelungen

Mit der Pacht einer Parzelle akzeptiert man die Kleingartenordnung und verpflichtet sich zur kleingärtnerischen Nutzung. Damit verbunden sind gesetzliche Bestimmungen zum Schutz von Boden, Wasser und Umwelt. Zudem hat man zum Erhalt des Gesamtbildes der Anlage beizutragen.

Im Gegensatz zu einem Hausgarten, in dem man schalten und walten kann wie man möchte, gilt es spezielle Regelungen zu beachten. Dazu zählen vor allem:

▶ die Drittelklausel
▶ keine Gehölze über drei Meter
▶ Einhaltung der gesetzlichen Bestimmungen für Boden-, Pflanzen- und Umweltschutz
▶ Freihalten von Unkraut
▶ Beschränkung der Laubengröße
▶ Bestimmung als Nutzgarten, nicht als Wohnung
▶ keine Kanalisation
▶ keine Satellitenschüsseln und Telefonanschlüsse
▶ kein Swimmingpool
▶ Einhaltung von üblichen Ruhezeiten mittags und nachts

Die Drittelklausel

Die Verpflichtung zur kleingärtnerischen Nutzung bedeutet, dass mindestens ein Drittel der Gartenfläche zum Anbau von Obst und Gemüse zu verwenden ist. Nur eine Rasenfläche anzulegen und ein paar Blümchen drumherum zu pflanzen, ist also nicht möglich.

Früher legten Vereine Wert darauf, dass ein entsprechend großes Gemüsebeet angelegt wurde. In den letzten Jahren jedoch ist dies in vielen Kleingartenkolonien nicht mehr notwendig. Inzwischen gehen manche Vereine recht locker mit dieser Bestimmung um. Sie akzeptieren

Die wichtigsten Regelungen

auch einige Meter Beerenhecke, ein oder zwei Obstbäume auf einer Wiese und ein paar locker in Zierbeete eingestreute Nutzpflanzen als „ein Drittel Nutzgarten".

Andere Vereine hingegen legen großen Wert auf die Ursprungsidee der Selbstversorgung und machen das gegenüber Bewerbern auch sehr deutlich. Diese Schrebergärtner wollen ausdrücklich einen Schwerpunkt auf den Gemüse- und Obstanbau legen. Sie verstehen dies nicht nur als traditionsbewusstes Denken, sondern möchten so ein deutlich sichtbares Zeichen für eine gesunde Ernährung durch den Kleingarten setzen. Vor allem viele junge Familien tragen diese Philosophie gern mit.

Höhe von Gehölzen

Um das Gesamtbild der Kleingartenanlage zu erhalten, die freie Sicht nicht zu behindern und keine übermäßigen Verschattungen von Nachbargrundstücken zu bewirken, dürfen keine Gehölze angepflanzt werden, die höher als drei Meter wachsen. Ausgenommen von dieser Regelung sind allerdings Obstbäume.

In der Praxis bedeutet dies: Das Anpflanzen von Park- und Waldbäumen wie zum Beispiel Linden, Birken, Fichten, Kiefern oder Tannen, ist nicht zulässig. Es dürfen nur niedrig oder halbhoch wachsende Ziersträucher Verwendung finden, die zudem nicht als Wirtspflanzen für Schädlinge und Krankheiten an Obstgehölzen oder anderen Nutzpflanzen gelten.

Der Umweltschutz

Die Bekämpfung von Schädlingen und Pflanzenkrankheiten soll nach dem Verständnis der Kleingärtner unbedingt unter ökologischen Gesichtspunkten verlaufen. Hier gilt es auch, den Einsatz von chemischen Dünge- und Pflanzenschutzmitteln auf ein Mindestmaß zu beschränken, zumindest von solchen, die als umweltbelastend gelten.

◄ *Die Gestaltung von Schrebergärten ist an einige Regeln gebunden, die vor allem das Gesamterscheinungsbild der Kolonie betreffen.*

▼ *Die Drittel-Regelung besagt, dass mindestens ein Drittel der Parzellenfläche als Nutzgarten angelegt werden muss. Am einfachsten ist, ein großes Gemüsebeet zu bepflanzen.*

Neue Lust auf Schrebergärten

Stattdessen setzt man auf natürliche Wachstumshilfen. Wichtigster Schlüssel dazu ist der Kompost. Alle Gartenabfälle und das Laub werden innerhalb der eigenen Parzelle auf einem Komposthaufen oder in einem Kompostsilo gesammelt.

In der Gartenordnung sind zudem weitere Vorschriften zum Umwelt- und Naturschutz festgeschrieben. So dürfen Kleingärten nicht großflächig versiegelt werden, wie etwa durch übermäßig große Terrassenflächen.

Freihalten von Unkraut

Seinen Schrebergarten und die Wege vor der eigenen Parzelle ständig von Unkraut frei zu halten – das ist eine Aufgabe, die man in allen Vereinen sehr ernst nimmt. Schließlich geht es auch darum, das Ausbreiten ungeliebter Kleinpflanzen oder Wildkräuter auf Nachbarparzellen zu verhindern. Wer eine Parzelle pachtet, sollte sich deshalb darüber im Klaren sein, dass er spätestens alle 14 Tage dem Unkraut zu Leibe rücken muss.

Die Laube

Eine Laube muss den Richtlinien zum Bau von Gartenlauben entsprechen. Und diese sind umfangreich. So darf auf einer Parzelle nur ein Häuschen mit höchstens 24 qm Grundfläche gebaut werden.

Man unterscheidet sogenannte Typenlauben von genehmigungspflichtigen Lauben. Diese Typbauten sind standardisierte Häuschen „von der Stange". Natürlich kann man aber auch eine Laube nach eigenen Vorstellungen errichten; dies setzt allerdings voraus, dass sie bestimmte Normvorgaben zum Beispiel bezüglich der Höhe entspricht.

Doch auch, bevor man mit dem Bau einer Typenlaube beginnen kann, muss dem Vereinsvorstand eine Bauanzeige vorgelegt werden. Darunter versteht man eine maßstabgetreue Zeichnung und einen genauen Lageplan der Parzelle mit dem beabsichtigten Laubenstandort.

Erst nach Vorlage und Genehmigung durch die Baukommission des Kleingartenvereins darf mit dem Bau begonnen werden. Entscheidet man sich für eine individuelle Gestaltung und möchte man eine genehmigungspflichtige Laube errichten, muss dies sogar bei der jeweiligen Gemeinde oder Stadt beantragt und natürlich von den entsprechenden Stellen auch genehmigt werden.

Die wichtigsten Regelungen

Kein Wohnort

Ein Kleingarten darf nicht als fester Wohnsitz genutzt werden. Gegen gelegentliche Übernachtungen beispielsweise nach einer Sommerparty oder einer organisierten Nachtwanderung hat natürlich niemand etwas einzuwenden. Die Laube darf allerdings nicht als ständiger Schlafort genutzt werden.

Hausanschlüsse

Da Kleingartenanlagen in Flächennutzungs- und Bebauungsplänen als Grünflächen ausgewiesen sind, dürfen sie im klassischen Sinne nicht bebaut werden. Das bedeutet, dass die Lauben weder Fundamente haben noch mit Versorgungs- und Entsorgungsanlagen ausgestattet werden dürfen. Dies unterscheidet sie von Wochenendhäusern.

Nach den geltenden Bestimmungen darf man jedoch Trocken- oder Humustoiletten in der Laube bzw. auf der Kleingartenparzelle installieren. Wichtig ist, dass kein weiteres Abwasser entsteht. Abwässer müssen in bestimmten Behältern gesammelt und in ein Klärwerk gebracht werden.

Baurechtlich gesehen sind fest installierte Satellitenschüsseln und Telefonanschlüsse Teil von festen Bebauungen. Deshalb sind sie formal untersagt. In der Praxis aber hat diese Bestimmung kaum Bedeutung: Natürlich darf man in seiner Laube den Fernseher laufen lassen. Und im Handy- und Wireless-Lan-Zeitalter hat sich die Bestimmung mit dem Telefonfestanschluss von selbst erledigt. Trotzdem gilt auch hier: Die Kleingartenparzelle dient in erster Linie der gärtnerischen Nutzung.

Kein Swimmingpool

In den meisten Kleingärten sind transportable Planschbecken erlaubt, vor allem, wenn Kinder zur Familie gehören. Einen richtigen Swimmingpool darf man hingegen nicht auf sein Grundstück setzen. Der damit verbundene hohe Wasser- und Energieverbrauch ist nicht mit dem Umweltbewusstsein der Kleingärtner zu vereinbaren.

Ruhezeiten

Motorenlärm von Rasenmähern, Schreddern, Motorsägen oder laute Musik sind unangenehm, vor allem, wenn man Pause macht. Im Kleingarten gelten dazu klare Regeln: Zwei Stunden um die Mittagszeit, abends ab 19 Uhr sowie an Sonn- und Feiertagen sollte man seinen Nachbarn Ruhe gönnen.

◄◄
Der Umweltschutz wird in den Kleingartenkolonien groß geschrieben. Kompostieren ist selbstverständlich.

◄◄
Die Lauben sind keine Wohnorte – es geht um das Gartenerlebnis.

▼
Planschbecken sind erlaubt, Swimmingpools aber nicht.

Nutzungsbereiche richtig planen

Kein Garten gleicht dem anderen – und das ist in der Kleingartenkolonie nicht anders als beispielsweise in einer Reihenhaussiedlung. Die Gründe dafür sind nicht allein in unterschiedlichen Pflanzvorlieben zu suchen: Vielmehr geht es um Raumaufteilungen und Detaillösungen, wie beim Anlegen von Wegen und Terrassen. Bei der Aufteilung und Ausgestaltung der Gartenbereiche orientiert man sich am besten am gewünschten Nutzungsschwerpunkt des Schrebergartens, beispielsweise als Spielparadies für Kinder. Dieses Kapitel zeigt anhand von unterschiedlichen Gartentypen auf, wie man am besten vorgeht und worauf man achten sollte.

Richtig planen

Der perfekte Schrebergarten

Die Gründe, warum sich jemand für einen Schrebergarten interessiert, können sehr unterschiedlich sein: Während der eine sich ein grünes Pflanzparadies wünscht, in dem er seinen gärtnerischen Ambitionen nachgehen möchte, sucht der andere eine Oase unter freiem Himmel, in der er die Seele baumeln lassen und sich vom Alltagsstress erholen kann.

So individuell die Vorstellungen auch ausgeprägt sein mögen, grundsätzlich lassen sich auch Kleingärten in fünf Grundtypen einteilen:

- Nutzgarten, in dem selbst frisches Obst und Gemüse geerntet wird
- Erholungsgarten, in dem man in freier Natur entspannt
- Familiengarten, der vor allem Kindern Spielflächen bietet
- Liebhabergarten, in dem man bestimmten gärtnerischen Hobbys wie dem Züchten von Rosen nachgeht
- Geselliger Garten, der als Treffpunkt an lauen Sommertagen und -abenden dient

Diese Einteilung nach Nutzungsschwerpunkten ist eher theoretischer Natur, denn wohl kaum ein Schrebergarten wird nur in einer einzigen Funktion gesehen. Gleichwohl ist die Unterteilung sinnvoll: Denn jede dieser Kategorien stellt ihre eigenen Anforderungen an die Gestaltung. So spielen beispielsweise bei der Planung von Familiengärten ganz andere Aspekte eine Rolle als bei der von überwiegend nutzgartenorientierten Parzellen.

Schwerpunkte festlegen

Für eine durchdachte Planung eines Schrebergartens ist es deshalb sinnvoll, sich zunächst einmal über die Grundmotivation klarzuwerden. Wenn man genau weiß, wozu man den Kleingarten nutzen möchte und worauf der Schwerpunkt liegen soll, ist der erste wichtige Schritt getan. Im Anschluss lassen sich dann leicht den Funktionen entsprechende unterschiedlich große Flächen zuordnen und passende Bepflanzungspläne entwickeln.

Die folgenden Seiten zeigen auf, worauf es bei der Ausgestaltung der einzelnen Gärten ankommt. Die Grenzen sind allerdings fließend: So kann beispielsweise ein in erster Linie der Erholung dienender Schrebergarten zugleich der Liebhabergarten eines Rosenfreundes sein.

Eine besondere Bedeutung kommt in jedem Fall dem Nutzgarten zu, ist doch gesetzlich vorgeschrieben, mindestens ein Drittel der Gesamt-

Der perfekte Schrebergarten

fläche für den Anbau von Obst und Gemüse zu nutzen. Dies muss allerdings längst nicht bedeuten, dass der Garten optisch in jedem Fall von einem großen „Feld" dominiert wird. Viele Nutzpflanzen lassen sich gut im Garten verteilen und harmonisch in den Zierbereich integrieren. So kann man Hecken mit Beeren-Gehölzen gestalten, eine Kräuterspirale dekorativ nahe der Terrasse pflanzen oder bestimmte Nutzpflanzen auch durchaus zwischen Zierpflanzen kultivieren.

Die einst so strikte Trennung zwischen Nutz- und Zierbeeten ist in der Gartenplanung von heute überholt. Und das aus gutem Grund, denn viele Nutzpflanzen sind nicht weniger attraktiv als ihre rein zierenden Geschwister – ob Schnittlauch mit seinen kugeligen lila Blüten oder Mangold mit beeindruckenden, leuchtenden Blättern.

Praxistipp

Abschauen ist bei der Gartenplanung nicht nur erlaubt, sondern sogar sinnvoll. Denn fast in jedem Kleingarten kann man etwas entdecken, das für den eigenen Garten von Interesse ist. So empfiehlt es sich, genau hinzusehen wie andere ihre Gärten aufgeteilt und die einzelnen Bereiche ausgestaltet haben. Dies erleichtert die eigene Planung enorm.

◄◄
Besonders üppig wirken Staudenbeete, die bis in den Herbst für Farbe sorgen.

▲
Wasser und Steine geben auch dem Kleingarten ein besonderes Gesicht.

◄
Für den Familiengarten sind Flächen zum Spielen besonders wichtig.

Richtig planen

Gesunde Vielfalt: Der Nutzgarten

Selbst Obst und Gemüse anzubauen, Salate und Kräuter zu ziehen – das ist mit dem Grundgedanken der Schrebergärten untrennbar verbunden. Und auch heute noch steht genau dieser Aspekt des Gärtnerns bei den meisten Kleingärtnern hoch im Kurs. Dabei ist noch nicht einmal so ausschlaggebend, dass die Satzungen vorschreiben, dass mindestens ein Drittel der Fläche für den Eigenanbau genutzt werden soll. Die meisten Schrebergärtner sind mit Überzeugung dabei, für eigene, frische Produkte zu sorgen. Dafür gibt es verschiedene Gründe.

Gesunde Ernährung

In erster Linie möchten die engagierten Nutzgärtner sich und ihren Familien Gutes gönnen – nämlich gesunde Lebensmittel auf den Tisch bringen. Nur bei Selbstgezogenem und -geerntetem kann man nämlich mit Gewissheit sagen, dass es wirklich frisch und unbelastet ist.

Guter Geschmack

Ein zweiter wichtiger Aspekt ist der Geschmack: Wer je frisch geerntete Tomaten probiert hat, weiß, dass die Ware aus dem Supermarkt in der Regel nicht annähernd so gut schmeckt. Und das gilt für viele Obst- und Gemüsesorten. Der eigene Nutzgarten bereichert zudem den Speiseplan: Wenn nämlich frische Kräuter in Griffnähe wachsen, inspiriert dies bei der Rezeptauswahl; man kocht anders und vielfältiger.

Kleine Ersparnisse

Nicht zuletzt ist Selbstgezogenes meist immer noch preiswerter als die gleichen Produkte aus dem Handel. Zwar verursacht auch der eigene Nutzgarten Kosten, zum Beispiel für Setzlinge, aber natürlich lässt sich das nicht mit dem Preis vergleichen, der an der Supermarktkasse gezahlt werden muss.

Wie groß die Ersparnis ist, hängt aber von den Pflanzen ab: So entlastet das eigene Züchten von Kopfsalat den Geldbeutel weitaus weniger als das Ernten von frischem Beerenobst. Himbeeren oder Johannisbeeren sind im Handel nämlich vergleichsweise teuer.

Spaß an der Natur

Doch diese handfesten Vorteile umschreiben nur einen Teil der Faszination, die ein Nutzgarten für die meisten Kleingärtner ausmacht. Der

Der Nutzgarten

◀
Von der Hand in den Mund – Kindern macht die Ernte im Schrebergarten besonders dann Spaß, wenn sie zum Direktverzehr geeignet ist.

◀◀ ▼
Für größere Mengen frischer Früchte oder Gemüse braucht man entsprechende Zeit zum Verarbeiten oder auch Platz zum Einlagern.

mindestens genauso hoch einzuschätzende andere Aspekt ist, dass das Anpflanzen, Pflegen und Ernten von Obst und Gemüse, Salat und Kräutern einfach Spaß macht.

Es ist der unmittelbare Bezug zur Natur, der im Nutzgarten besonders eindringlich erlebbar ist: Das Werden und Vergehen, der tiefere Sinn unseres natürlichen Umfelds, der Wechsel der Jahreszeiten – all das sind Erfahrungen und Eindrücke, die man beim Heranwachsen und Ernten intensiver als anderswo erfahren kann.

Sicherlich spielen auch archaische Grundmuster eine Rolle: Beispielsweise einen Apfel vom Baum zu pflücken, ihn an Ort und Stelle zu genießen und sich so zu stärken ist ein urmenschliches Verhalten – und nicht mit dem Kauf von Äpfeln im Supermarkt zu vergleichen.

Das naturverbundene Handeln, das mit dem Arbeiten im Nutzgarten verbunden ist, verstehen viele Kleingärtner auch als Ausdruck einer inneren Einstellung – nämlich gegen ein rein konsumorientiertes, oft umweltverachtendes Leben. Sie möchten aktiv etwas tun und bewusster leben.

Pädagogische Aspekte

Bei vielen Familien kommt ein pädagogischer Grundgedanke hinzu: Indem die Kinder im Nutzgarten mithelfen, lernen sie den Wert von Obst und Gemüse mehr schätzen.

So traurig es klingt: Vielen Kindern ist gar nicht richtig bewusst, dass die meisten Lebensmittel in der Natur wachsen – geschweige denn, wie die Pflanzen aussehen, von denen beispielsweise die Erbsen aus dem Glas oder dem Tiefkühlfach stammen.

Im Schrebergarten bekommen sie einen neuen Bezug zu den Nutzpflanzen. Sie lernen fürs Leben – und nicht zuletzt auch für die Schule. Denn ob im Sach- oder im Biologieunterricht – das hier ganz nebenbei gewonnene Wissen erleichtert ihnen Verständnis und schulisches Lernen.

Zudem erkennen Kinder, dass mit dem Anpflanzen, Pflegen und Ernten Arbeit verbunden ist – und dass Obst und Gemüse eben nicht in der Kiste im Supermarkt wachsen.

Und – nicht zuletzt: Durch die Erfahrungen im Nutzgarten ändert sich oft auch das Essverhalten der Kinder. Auch sie schmecken den Unterschied zu qualitativ oft minderwertiger Handelsware.

Richtig planen

Die Grundaufteilung

Bei der Planung eines Nutzgartens stehen verschiedene Fragen im Mittelpunkt. Zunächst gilt es eine Grundsatzentscheidung zu treffen: Soll die Parzelle überwiegend zum Selbstzüchten von Obst und Gemüse, Salat und Kräutern genutzt werden, oder sollen sich die Nutzpflanzen anderen Gestaltungswünschen unterordnen?

Diese Entscheidung hat weitreichende Auswirkungen, vor allem auf die Pflanzenauswahl: Bei der Planung eines reinen Nutzgartens stellt man sich nämlich zunächst die Frage, was man alles anbauen möchte – und weist dann den gewünschten Pflanzen ihren Platz zu. Soll die Parzelle hingegen in erster Linie z. B. als grüner Kinderspielplatz genutzt werden, gilt es zu überlegen, welche Nutzpflanzen wie und wo am besten integriert werden können – z. B. dornenlose Beerensträucher an den Grundstücksgrenzen.

Kompromisslösung

Die meisten Kleingärtner entscheiden sich für eine Kompromisslösung: Ein mehr oder weniger großer bzw. kleiner Teil des Gartens wird als sogenannter Küchengarten ausschließlich für Nutzgewächse angelegt. Der Schwerpunkt liegt dabei zumeist auf gängigen Obst- und Gemüsesorten sowie Kräutern, die besonders häufig in der Küche verwendet werden. Zudem integriert man weitere Nutzgewächse in anderen Gartenteilen und pflanzt beispielsweise einen Obstbaum auf die Kinderspielwiese.

Diese Lösung hat den Vorteil, dass man – trotz anderer Nutzungsschwerpunkte – den Anforderungen der Kleingartenordnung entspricht und lästige Diskussionen mit anderen Vereinsmitgliedern vermeidet.

> ▶
> *Kann man einzelne Kräuter in kleineren Mengen durchaus im Topf halten, so braucht Salat natürlich einen Platz im Gemüsebeet. In beiden Fällen ist gute Erde Voraussetzung fürs Gedeihen.*
>
> ▼
> *Auf reichen Erntesegen folgen meist auch abgeerntete, nackte Beete, von denen blühende Pflanzen ringsum die Blicke ablenken.*

Der Nutzgarten

Pflanzen auswählen

Die Planung eines Nutzgarten ist in erster Linie mit ganz individuellen Vorstellungen und Wünschen nach bestimmten Obst- und Gemüsesorten verbunden. Während der eine knackfrische Salate liebt, möchte der andere auf jeden Fall Bohnen ziehen. Deshalb ist es sinnvoll, sich zunächst in der Familie über die eigenen Vorlieben klar zu werden und eine Wunschliste zu erstellen. Dabei sind sind zwei Aspekte besonders zu berücksichtigen:

Die Wachstumsanforderung

Die Pflanzen stellen unterschiedliche Anforderungen an ihren Standort. Dazu zählen nicht nur der Platzbedarf, sondern auch die Bodenbeschaffenheit und das Umfeld, also die Nachbarbepflanzung. So benötigen die einen Nutzpflanzen viel Sonne, andere hingegen gedeihen in feuchtem Boden sehr gut.

Einen Überblick, welche Ansprüche die wichtigsten Obst- und Gemüsepflanzen sowie die beliebtesten Salate und Kräuter stellen, geben die Kurzportraits ab Seite 106. Umfangreicheren Rat bekommt man aber auch von erfahrenen Kleingärtnern.

Der Pflegeaufwand

Jeder Garten macht Arbeit. Das gilt ganz besonders für den Nutzgarten. Wie viel Einsatz im Einzelnen für die Anzucht, Pflege und auch für das Ernten erforderlich ist, hängt ganz entscheidend von den ausgesuchten Pflanzen ab.

Grundsätzlich ist zwischen ein- und mehrjährigen Pflanzen zu unterscheiden: Ein Obstbaum muss beispielsweise nur einmal angepflanzt werden und kommt weitestgehend ohne größere Pflege aus – sieht man einmal vom regelmäßigen Zurückschneiden und eventuellem Wässern im Sommer ab. Salate hingegen müssen jedes Mal wieder aufs Neue vorgezogen und in die Erde gebracht werden. Das ist natürlich mit deutlich höherem Aufwand verbunden.

Bei der Auswahl der Pflanzen ist nicht nur wichtig, wie viel Arbeit man in den Nutzgarten einbringen möchte – man sollte auch nur so viele Pflanzen anbauen, wie man später auch verwerten kann.

Richtig planen

Gärtnerisches Können

Zu bedenken ist in diesem Zusammenhang auch, dass die Anzucht und Pflege der Pflanzen zum Teil besonderes Wissen vorraussetzt.

So müssen zum Beispiel viele Gemüsesorten oder Salate vorgezogen werden. Das bedeutet: Man streut die Samen nicht direkt ins Beet, sondern zieht kleine Setzlinge im Haus oder in einem speziellen Frühbeet vor. Ist die Saat aufgegangen und haben die Pflanzen erste Blättchen, so werden sie pikiert – man pflanzt die kleinen Setzlinge auseinander, so dass sie ausreichend Platz für das weitere Wachstum haben. Später werden sie dann ins Außenbeet gesetzt. Hierbei spielt neben dem Wachstumsstadium der Jungpflanzen und der richtigen Pflanzzeit auch die Vorbereitung des Bodens eine wichtige Rolle.

Das nötige gärtnerische Wissen ist allerdings kein Buch mit sieben Siegeln. Es lässt sich mit gutem Rat – z. B. aus Fachbüchern – und mit wachsender Erfahrung recht leicht aneignen.

Dennoch ist es als Gartenneuling ratsam, sich zunächst auf einfach anzupflanzende Gewächse im Nutzgarten zu konzentrieren. Bei der Auswahl vor allem von Salat- und Gemüsepflanzen ist es hilfreich, sich bei der Pflanzplanung mit einem erfahrenen Gärtner aus dem Verein zu beraten.

Praxistipp

Im Gartenfachhandel erhält man nicht nur Samen oder Knollen, sondern auch vorgezogene Nutzpflanzen, die zur passenden Zeit direkt ins Beet gesetzt werden können. Außerdem kann man sich hier eine Grundausstattung der wichtigsten Gartenwerkzeuge zusammenstellen lassen.

Die Ausstattung

Je größer die gärtnerischen Ambitionen im Nutzgarten sind, desto mehr Arbeitsmaterialien benötigt man auch. So ist es eine Sache, ein Zierbeet anzulegen und ein paar Pflänzchen in den Boden zu setzen – für das professionelle Gärtnern im Nutzgarten hingegen benötigt man mehr als eine kleine Schaufel und eine Hacke.

Für den Ernteerfolg vor allem im Gemüsebeet ist die Bodenaufbereitung entscheidend. Der Boden will nicht nur mindestens ein Mal pro

Der Nutzgarten

Jahr aufgelockert oder umgegraben werden: Der Humus – so nennt man die oberste, an Nährstoffen reiche Bodenschicht – sollte je nach Pflanzvorhaben immer wieder mit Zuschlagstoffen wie Kalk oder organischem Dünger aufbereitet werden. Die dazu notwendigen Gebinde bietet der Handel aber meist nur in größeren Mengen an. Und dafür benötigt man ausreichend Platz.

Hinzu kommen eine ganze Reihe von Gerätschaften – angefangen von Pflanzschalen für die Anzucht über diverse kleinere und größere Eimer und Körbe bis hin zu spezielleren Geräten wie Dreispitz oder Käscher.

Für den Nutzgarten muss also ein größerer Abstellraum – optimalerweise mit einem Arbeitstisch – eingeplant werden. Wenn dieser zudem über ein Fenster verfügt und frostfrei gehalten werden kann, ist er auch für die Anzucht von Setzlingen geeignet. Ein solcher Raum bietet zudem die Möglichkeit, frostempfindliche Kübelpflanzen wie Citrusgewächse zu überwintern.

Gewächshäuser und Co.

Optimal geeignet ist natürlich ein kleines Gewächshaus. Nicht nur, dass man hier auch schutzbedürftigere Gewächse gut halten kann – bei zahlreichen Pflanzen lässt sich darin auch der Ertrag verbessern: So gedeihen beispielsweise Tomaten besonders gut, wenn sie hell, warm und vor Regen geschützt stehen.

Für den Anfang muss es aber nicht gleich ein teures Gewächshaus mit Vollverglasung sein. Der Handel bietet mittlerweile eine ganze Reihe preiswerter Alternativen, beispielsweise aus Folie an (siehe S. 122).

Praxistipp

Auch bei der Anzucht kann man die Vorteile des Vereinslebens in der Kleingartenkolonie nutzen: In der Regel stehen erfahrene Kleingärtner gern bei der Anzucht von Salaten oder Gemüse mit Rat und Tat zur Seite. Vielleicht findet sich auch ein Vereinsmitglied, dessen Gewächshaus man vorübergehend mitbenutzen kann.

◄

Damit sich köstliche Erdbeeren und andere Früchte entwickeln können, muss der Boden gut vorbereitet sein.

▲ ►

Für Anzucht und Pflege von Pflanzen reicht manchmal schon ein teilweise geschlossener Schutzraum – optimale Bedingungen bietet ein Gewächshaus.

Richtig Planen

Spiel und Spaß im Familiengarten

Zu den Ursprungsideen von Dr. Schreber zählte bereits Mitte des 19. Jahrhunderts, den Stadtkindern in den Kleingärten mehr Spiel und Spaß im Freien zu ermöglichen. Und auch 150 Jahre später geht es vielen Eltern, die mit ihren Kindern in Häusern ohne Garten wohnen genau darum: Sie pachten die Schrebergartenparzelle, um ihrem Nachwuchs ein natürliches Kinderspiel-Paradies zu bieten. Dabei geht es nicht nur um mehr Bewegung an der frischen Luft, sondern auch um den Kontakt mit der Natur.

Dabei ist das Bild vom zukünftigen Kinderspielgarten meistens von der Wiese mit Sandkasten und einem Klettergerüst geprägt. Solche Gärten erinnern schnell an ein grünes Kinderzimmer.

Da eine Familie aber nicht allein aus den Kindern besteht, sollte der Schrebergarten – ähnlich wie die Wohnung – Bereiche für alle Familienmitglieder anbieten. Es gilt also Zonen zu schaffen, in denen nicht nur ausgelassenes Spielen und Toben möglich sind: Im Familiengarten sollten auch die Eltern Ruhe und Erholung genießen, Jugendliche Rückzugsmöglichkeiten finden und die ganze Familie ein reges Gemeinschaftsleben führen können.

Gärten für alle

Somit ähnelt der Familiengarten einem grünen Wohnzimmer – und sollte natürlich wie dieses auch bewusst „eingerichtet" und gestaltet werden. Denn ein schöner Garten, der in einem bestimmten Stil gehalten ist, bedeutet auch für Kinder nicht weniger, sondern mehr Erlebnisqualität. Er steigert die Lust sich dort zu bewegen und zu spielen. So profitieren Eltern und Nachwuchs gleichermaßen vom eigenen Fleckchen Erde im Grünen.

Ein wichtiger Schlüssel dazu ist, bei der Planung die individuellen Bedürfnisse aller Familienmitglieder zu berücksichtigen, und nicht nur die der Kinder. Am besten schreibt jedes Familienmitglied einen eigenen Wunschzettel. Die Großen hegen erfahrungsgemäß unterschiedliche Erwartungen an den Kleingarten: Während der eine vielleicht in schönem Ambiente mit Freunden grillen möchte, geht es dem anderen eher darum, seinem Hobby als Gärtner nachzugehen oder sich an einem ruhigen Plätzchen zu entspannen.

Bei Kindern verhält es sich genauso: Sie wollen auch nicht nur toben und im Sand buddeln. Je mehr unterschiedliche Anregungen ihnen der Garten bietet, desto öfter und desto lieber halten sie sich auch in ihm auf.

Der Familiengarten

Neben tollen Spielgeräten erfreuen sie sich an Plätzen, die ihren Bedürfnissen nach Schlupfwinkeln und Entdeckungsreisen entsprechen. Das kann ein Weidentipi zum Verstecken sein, eine Hängematte zum Träumen oder eine Kleintierforschungsstation im eigenen Gärtchen vor dem Spielhäuschen.

Was die Spielgeräte betrifft, wissen selbst kleine Kinder schon ganz genau, was sie möchten. Längst kennen sie die Wahlmöglichkeiten vom Spielplatz, aus Nachbars Garten oder aus dem Kindergarten. So wünscht sich das eine Kind unbedingt ein Spielhaus, während für das andere ein Klettergerüst viel interessanter ist. Man kann und muss ja nicht alle Wünsche erfüllen. In der Nachbarschaft gibt es vielleicht schon ein Baumhaus als Top-Adresse für die Kids und sicherlich hat auch der vereinseigene Schrebergartenspielplatz einiges an Spielgeräten zu bieten.

Bei der Gestaltung des eigenen Schrebergartens gilt: Je mehr der Blick auf den eigentlichen Nutzen für alle – auch für die Kinder – gerichtet ist, desto erfolgreicher wird die Ausführung.

Vorausschauend planen

Bei der Einrichtung und Ausgestaltung des Kinderbereichs, sollten die Eltern ein gewisses Maß an Flexibilität bewahren. Genauso wie die Pflanzen wachsen auch die Kinder, die in einem Garten leben.

Mit zunehmendem Alter verändern sich ihre Bedürfnisse. Während man zunächst für die ganz Kleinen eine Krabbelwiese mit Sandkasten benötigt, sind ein paar Jahre später mehr Bewegungsmöglichkeiten oder ein attraktiver Jugendtreff gefragt. Wer vorausschauend plant, kann beispielsweise eine Sandgrube später

Praxistipp

Im Schrebergarten kann man sich mit der Nachbarschaft absprechen, wer welche Spielmöglichkeiten anbietet und so Dopplungen vermeiden. Hat z. B. der befreundete Nachbar bereits ein größeres Planschbecken, muss man nicht selbst ein zweites aufstellen.

◄
Auch im Schrebergarten genießen es die Kinder, wenn die Eltern sich Zeit zum gemeinsamen Spielen nehmen.

▶
Jugendliche lieben Rückzugsmöglichkeiten – nicht nur zum Schmökern.

▼
Ein möglichst vielseitiges Spielgerüst lässt kaum noch Wünsche offen.

Richtig Planen

in einen Teich oder ein geräumiges Spielhaus in einen Geräteschuppen umfunktionieren.

Das Alter der Kinder ist also immer maßgebend für die Gartengestaltung. Das altersgerechte Verhältnis von Distanz und Nähe zwischen Eltern und ihren Kindern ist dabei ganz entscheidend. Ein kleines Kind fühlt sich in der Nähe seiner Eltern am wohlsten. Ein Sandkasten sollte deshalb idealerweise neben dem Sitzplatz stehen oder auf jeden Fall von überall aus sichtbar sein. Dann können die Erwachsenen die Kinder beaufsichtigen und sich zudem weiteren Beschäftigungen widmen.

Je größer die Kinder werden, desto mehr wächst der Wunsch, auch ohne Eltern den Garten zu erkunden. Deshalb sollten für sie gesonderte Bereiche geschaffen werden, zum Beispiel abgetrennt durch Beete oder Gehölze.

Giftige Pflanzen

Aronstab
Tollkirsche
Eisenhut-Arten
Engelstrompete
Fingerhut
Gartenbohne (roh)
Goldregen

Ilex
Maiglöckchen
Oleander
Pfaffenhütchen
Rhododendron
Schwarze Nieswurz / Christrose
Wolfsmilch-Arten

Sicherheit geht vor

Für den sorglosen Aufenthalt aller Familienmitglieder im Schrebergarten ist die Sicherheit der Kinder eine unabdingbare Voraussetzung.

Die ganz Kleinen sollten vor Teichen und den damit verbundenen Gefahren geschützt werden. Am besten zäunt man selbst einen kleinen Gartenteich vorübergehend komplett ein.

Um Verletzungsgefahren zu minimieren, sind vor allem weiche Untergründe wichtig – vor allem unter Klettergerüsten. Empfehlenswert ist hier beispielsweise eine größere Schicht Rindenmulch.

Auf giftige und dornenreiche Pflanzen verzichtet man zum Schutz der Kinder am besten ganz (siehe oben). Zu bedenken ist auch, dass die Früchte vieler Nutzpflanzen nicht roh verzehrt werden dürfen.

Der Familiengarten

Der Kleinkindgarten

Was gibt es Schöneres für Kleinkinder und ihre Eltern, als einen warmen Sommertag im Freien zu genießen. Der Schrebergarten bietet dazu die perfekten Bedingungen: eine blühende und bunte Umgebung und ausreichend Ruhe- und Spielfläche für Eltern und Kind. Als Spielgelegenheit kommen für Kleinkinder drei Möglichkeiten in Frage: die Krabbel- und Spielwiese, die Schaukel und natürlich der Sandkasten.

Die Wiese

Selbst die kleinste Rasenfläche ist für kleine Kinder ausreichend. Hier können sie weich gebettet auf ihrer Krabbeldecke liegen und das Spiel der Blätter über sich beobachten. Auch für erste Gehversuche eignet sich der weiche Rasen hervorragend.

Mit zunehmender Bewegungsfreiheit wachsen jedoch auch die Gefahrenquellen im Garten. Gerade dann kommt es darauf an, auf die Sicherheit der Kleinen zu achten (siehe links).

Die Schaukel

Auch schon die kleinsten Kinder genießen es, den warmen Wind im Schaukelschwung zu spüren. Sie trainieren dabei spielerisch, Balance zwischen kraftvollem Schwung und entspanntem Gleiten zu halten.

Für eine Babyschaukel findet sich auch ohne großes Klettergerüst immer ein Plätzchen, beispielsweise an einer Pergola oder an einem stabilen Ast. Bei der Positionierung ist darauf zu achten, dass das Kind auch bei heftigen Schwüngen nicht gegen Pfosten oder Mauern schlagen kann.

Bei der Befestigung sollte man besondere Obacht walten lassen. Der Handel führt spezielle, sehr stabile Haken, die mit einer Sicherheitssperre versehen sind. Diese verhindert, dass sich die Schaukelaufhängung lösen kann.

◄
Ein eigenes kleines Reich für die Großen: zum Austoben beim Tischtennis oder zum Monopolyspielen

▲ ►
Ein Schrebergarten bietet den idealen Schutzraum für Kids – ob beim Baden in der Miniwanne oder beim Ausflug mit Schubkarre.

Richtig Planen

Der Sandspielplatz

Ein Sandspielplatz sollte in keinem Kleinkindgarten fehlen. Im Sand backen, bauen oder einfach nur buddeln ist für die Kleinsten das Größte. Bei der Planung ist deshalb gut zu überlegen, ob ein Sandkasten oder eher eine Sandgrube in Frage kommt.

Die Vor-und Nachteile der beiden Varianten sind abzuwägen. Sandkästen gibt es im Handel, meist als leicht montierbaren Bausatz, in verschiedensten Größen. Natürlich lohnt es sich auch hier, gute Materialien zu bevorzugen und auf optimale Verarbeitung zu achten.

Handelsübliche Sandkästen sind flexibel einsetzbar und lassen sich an allen Plätzen, wie in der Nähe der Terrasse, aufstellen. Passend zu vielen hochpreisigeren Modellen gibt es Stoffsegel, die als Sonnenschutz und als Abdeckung genutzt werden können. Eine Abdeckung ist in jedem Fall sinnvoll. Sie schützt nicht nur vor Regennässe, sondern verhindert auch, dass größere Tiere die Sandkiste z. B. als Katzenklo missbrauchen.

Beim Aufstellen sollte man den direkten Erdkontakt vermeiden. Eine Teichfolie bietet sich als Unterlage an, um den Kasten von unten vor Nässe und Fäulnis zu schützen.

Eine Sandgrube hat den Vorteil, dass sie sich natürlicher in die Gartengestaltung einbeziehen lässt und später keinen Müll verursacht. Zudem kann man sie in Größe und Form den Gartenvoraussetzungen anpassen und dabei der eigenen Kreativität freien Lauf lassen.

Sandgruben haben jedoch auch Nachteile: Das Anlegen ist aufwändiger. Der Aushub gestaltet sich oft mühsam. Vor dem Einfüllen von Sand sollte die Grube mit Folie ausgelegt werden, damit sich Erdreich und Sand nicht vermischen. Zudem gibt es leider keine dichten und sicheren Abdeckungen. Für einen groben Schutz sorgen Plastikplanen, die allerdings nur schwer zu befestigen sind.

Ganz gleich, ob Sandkasten oder -grube: Sie sollten mit speziellem, gereinigtem Spielsand gefüllt werden. Diesen tauscht man am besten jedes Frühjahr vollständig aus.

▲
Im Sandkasten sollte man nur speziellen, gereinigten und schadstofffreien Spielsand aus dem Handel verwenden.

◄
Eine Sandgrube lässt der Kreativität in Bezug auf Größe und Form freien Lauf. Später kann sie problemlos in einen Teich umfunktioniert werden.

Der Familiengarten

Der Bewegungsgarten

Je größer die Kinder, desto größer ist auch ihr Bewegungsdrang. Im neuen Schrebergarten können die Eltern ihren Kids dafür naturnahe Alternativen zu Fernsehen und Computerspielen bieten.

Im Zentrum des Interesses steht natürlich eine etwas größere Wiese, die die Kinder als vielfältiges Spielparadies betrachten: Ob Kicken oder Kegeln, Federball- oder Tischtennisspielen, Hüpfen oder Springen: Hier gibt es zahllose Möglichkeiten, sich auszutoben.

Bei der Planung sollte man berücksichtigen, dass Bälle nicht nur dahin fliegen, wohin sie sollen: Um Pflanzen zu schützen, empfiehlt es sich, am Wiesenrand die Beete mit einer höheren Einfassung zu versehen.

Kletter- und Schaukelgerüst

Für ihre gesunde Entwicklung brauchen Kinder Bewegungs- und Körpererfahrungen. Beim Schaukeln lernen sie, ihr Gleichgewicht zu kontrollieren und beim Klettern, richtig zu greifen und ihren Füßen zu vertrauen.

Um ein Höchstmaß an Sicherheit an den entsprechenden Geräten zu gewährleisten, sollte hohe Qualität das entscheidende Kriterium beim Kauf sein. So sind massive Vollholzgeräte zwar teurer, bieten aber meist mehr Stabilität als billige, dünne Stahlrohrkonstruktionen. Beim Kauf gilt es auf das Gütesiegel GS (Geprüfte Sicherheit) oder auf ähnliche Sicherheitszertifikate zu achten.

Wo getobt wird, sollte man die Verletzungsgefahren minimieren. Für die sichere Landung beim Schaukeln oder Springen sind weiche Untergründe erforderlich. Rasenflächen können unter der Beanspruchung allerdings auch leiden. Alternativ bieten sich an diesen Stellen deshalb Sand und feiner Rindenmulch an. Im Handel sind zudem spezielle Fallmatten erhältlich.

Die Platzierung von Schaukel oder Klettergerüst sollte im wahrsten Sinne des Wortes mit Weitblick erfolgen. Denn je höher eine Schaukel hängt, desto größer sind natürlich die Schwungweiten. Hinzu kommt, dass Kinder beim Schaukeln gerne aus der Höhe abspringen und dabei noch einige Meter zurücklegen. Dementsprechend groß ist der Platzbedarf.

Richtig Planen

Spritziges Vergnügen

An heißen Tagen zieht bereits ein Planschbecken von rund 1,5 m Durchmesser die Kinder magisch an. In ihm finden auch größere Kinder eine Abkühlung.

Doch es geht auch ohne Becken: Allein mit einem Gartenschlauch bieten sich zahlreiche Spielalternativen. Über einen Baum gehängt, wird er zur Dusche oder kann durch spezielles Zubehör überall im Garten postiert werden. Natürlich eignet sich ein Schlauch auch dazu, eine Wasserrutsche so zu präparieren, dass auf ihr rekordverdächtig um die Wette geschliddert werden kann. Dafür gibt es professionelle Rutschen im Handel, deren Rutschfläche durch eine breite Folie auf dem Rasen verlängert wird. Solche Spielgeräte lassen sich an heißen Tagen ohne Umstände aus dem Geräteschuppen holen.

▲
Transportable Planschbecken sind laut Gartenordnung im Schrebergarten erlaubt. Sie ziehen Kinder magisch an, z. B. für ausgiebige Wasserschlachten.

◄
Eine Wasserrutsche ist der Knüller beim spritzigen Vergnügen. So eine Rutschunterlage lässt sich leicht selbermachen: mit einem längs aufgeschnittenen Müllsack auf der Wiese.

Praxistipp

Um den Wasserbedarf zu minimieren und die Kinder zugleich für das Thema Wassersparen zu sensibilisieren, sollte man ihnen beim Spielen keinen ungehinderten Zugang zum Wasserhahn ermöglichen. Am besten holen sie sich Wasser selbst aus einer Regentonne.

Der Familiengarten

Der Lerngarten

Im Schrebergarten Radieschen, Tomaten und Co. selbst zu säen und zu ernten, ist für Kinder überaus spannend, vor allem, wenn sie Salate und Gemüse nur aus dem Supermarkt oder gar aus der Dose kennen. Den Nachwuchs für das Wachsen und Gedeihen von Pflanzen zu sensibilisieren und sogar ihr Verantwortungsgefühl dafür zu fördern, kann im Schrebergarten ganz leicht gelingen.

Dazu ist es zunächst sinnvoll, sie so häufig wie möglich praktisch in die eigene Gartenarbeit einzubinden. Besonders gern besitzen kleine Gärtner natürlich ein eigenes Beet, in dem sie selbst säen und pflanzen, umgraben und ernten dürfen. Auch auf der kleinsten Parzelle findet sich sicherlich ein solches Eckchen für kindgerechte Pflanzenbereiche. Empfehlenswert ist es, einen Teil des Nutzgartens für die Kinder abzuteilen.

Besonders spannend gestaltet sich das Gärtnern, wenn Blumen und Früchte aus Samen selbst gezogen werden. Zur Ansaat leistet ein Mini-Gewächshaus wertvolle Hilfe; ein Blumentopf, der nach der Ansaat mit Plastikfolie überzogen wird, reicht für diese Zwecke auch aus.

Die Kinder erkennen bei eigenen gärtnerischen Versuchen die Zusammenhänge von Licht, Wärme und Wasser, die neben Luft und Nährstoffen die essentiellen Faktoren für gutes Gedeihen ihrer Pflanzen sind. Und: Der Nachwuchs erfährt, dass nur durch gute Pflege auch gute Ergebnisse erzielt werden können.

Für Kinder besonders geeignet sind robuste und schön blühende Blumen, wie Studentenblume, Fleißiges Lieschen oder Sonnenblume. Aber auch Kapuzinerkresse, deren Blüten man genauso essen kann wie die der Zucchini, sind attraktive und pflegeleichte Pflanzen für Kinder.

So richtig Spaß macht das Gärtnern Kindern natürlich, wenn später die Früchte der eigenen Arbeit genascht werden können. Cocktailtomaten sind besonders interessant, da sich die kleinen Früchte sehr lange ernten lassen.

Neben dem Bezug zu den Pflanzen lernen die Kinder im Kleingarten auch eine Menge über Kleinlebewesen, so z. B. auch, wie nützlich Insekten im Garten sind.

▲ *Schon ein einfacher Blumentopf eignet sich für erste Pflanzversuche, die natürlich noch der Unterstützung durch Erwachsene bedürfen.*

◄ *Der Schrebergarten: ein Raum zur Erhaltung der Artenvielfalt. Da kreucht und fleucht es auch im Teichwasser.*

Richtig Planen

Entspannt genießen: Der Erholungsgarten

Den Alltag hinter sich lassen, Natur erleben und ein bisschen Urlaub genießen: das steht auf der Wunschliste für einen schönen Schrebergarten bei den meisten Kleingärtnern ganz oben. Wahre Entspannung im Grünen ist allerdings mehr als Faulenzen unter freiem Himmel. Es ist ein Gefühl, das Geist und Körper gleichermaßen erfasst und zur Ruhe kommen lässt.

Entspannungszone

So vielfältig wie die Entspannungsmöglichkeiten in einem schönen Garten auch sein mögen – für ein kleines Alltagspäuschen stehen grundsätzlich zwei Möglichkeiten offen: Entweder man sucht für Gartenstuhl oder Liege irgendwo im Garten ein geeignetes Plätzchen. Oder aber man gestaltet sich einen gesonderten Entspannungsraum – ganz auf die individuellen Bedürfnisse und Vorlieben zugeschnitten.

Ein solcher Platz aber will gestaltet sein. Im optimalen Fall entsteht eine Gartenzone, in der sich die Natur bewusst erleben lässt, man tief durchatmen kann und sich rundum wohlfühlt.

Nähe zur Natur

Dabei sind verschiedene Aspekte zu berücksichtigen. Wichtig ist vor allem, dass man sich sicher und rundum geschützt fühlt – eine Grundvoraussetzung für jede Art der Entspannung.

Je intensiver man die Natur spürt, desto besser. Und das bezieht alle Sinne mit ein. Neben dem Auge spricht der Erholungsgarten so auch mit duftintensiven Pflanzen den Geruchssinn an. Und an die Ohren dringen beruhigendes Blätterrauschen, zarte Klänge eines Windspiels oder Wasserplätschern.

Der Erholungsgarten

Schützende Umgebung

So sehr die Offenheit der Parzellen in einer Kleingartenkolonie die Kommunikation und das Miteinander auch fördern mag – für den Erholungsgarten ist sie eher kontraproduktiv. Denn wer kann sich auf einem Liegestuhl schon richtig entspannen, wenn er sich dort wie auf einem Präsentierteller fühlt?

Die wichtigste planerische Maßnahme bei der Gestaltung einer Entspannungszone im Schrebergarten muss also darauf abzielen, einen geschützten Raum zu schaffen. Denn nur wenn man sich rundum sicher fühlt, kann sich wahre Entspannung einstellen.

Entscheidend ist der Sichtschutz. Dabei stehen grundsätzlich drei Möglichkeiten offen: eine Wand der Laube als Sichtbarriere zu nutzen, mit größeren Pflanzen eine grüne Wand zu errichten oder aber mit Sichtschutzzäunen neugierige Blicke abzuhalten.

Natürliche Sichtbarrieren

Bei grünen Wänden denkt man unweigerlich an hohe und undurchsichtige Hecken, die so manches Einfamilienhaus nach außen hin abschotten. Doch so massiv muss eine Sichtschutzbarriere aus Pflanzen nicht ausfallen.

Viel eleganter ist es, verschiedene Beete mit größeren Pflanzen oder höher wachsende Kleingehölze versetzt hintereinander anzuordnen, so dass sie einen Sichtschutz bilden.

Die entsprechenden Pflanzbereiche können auch ganz unterschiedlich gestaltet sein: Vom Zugangsweg aus könnte so beispielsweise zunächst ein Ginsterstrauch den Blick fangen, dahinter dann ein sonniges Zierbeet mit Rittersporn und Rosen und ganz hinten – im Halbschatten von Obstbäumen – Astilben oder kleine Rhododendren in schattigeren Bereichen.

◀◀
Lebendige grüne Wände aus unterschiedlich hohen Stauden und Gehölzen schützen vor Blicken und sind zugleich selbst ein Blickfang.

▼
Sichtschutz durch entsprechende Bepflanzung passt sich ganz natürlich in die Gartengestaltung ein – einfach aufgestellte Holzelemente wirken hingegen oft eher wie nackte Fremdkörper.

Richtig Planen

Sichtschutzzäune

Eine weitere Art, für Sichtbarrieren zu sorgen, stellen Sichtschutzzäune dar, wie man sie allerorten in Baumärkten erhält. Das Spektrum an diesen Holzelementen ist groß: Es reicht von einfachen, billigen Verbretterungen bis hin zu hochwertigen Gestaltungselementen.

Die Unterschiede beziehen sich dabei nicht nur auf die Optik, sondern vor allem auf die verwendeten Holzarten, die Verarbeitung und die Imprägnierung. Grundsätzlich gilt dabei: Wer zu billigem Material greift, spart am falschen Ende. Nicht nur, dass diese Elemente meist nicht besonders schön aussehen, auch ihre Widerstandsfähigkeit ist begrenzt.

Wie bei den grünen Wänden gilt es auch hier, den Eindruck einer massiven Abschottung zu vermeiden. Das lässt sich leicht erreichen, wenn man

zu Elementen greift, die sich beranken lassen. Das Grün lockert nicht nur den Sichtschutz auf, sondern unterstreicht auch die Natürlichkeit im Garten.

Sinnvoll ist es zudem, nur wenige Elemente aufzustellen, diese aber um die Ecke zu führen. So verhindert man nicht nur eine optische Dominanz, sondern erzeugt auch einen überaus behaglichen Raumeindruck.

▲
An die Architektur der Laube angepasste Sichtschutzelemente wirken sehr harmonisch.

◄
Besonders attraktiv wirkt es, wenn eine üppige Bepflanzung die Sichtschutzelemente regelrecht in den Schatten stellt.

Der Erholungsgarten

Der Sonnenschutz

Beim Thema Sonnenschutz denkt man in erster Linie an Sonnenschirme. Bei der Gartengestaltung steht zunächst aber immer der natürliche Sonnenschutz im Vordergrund – und das vor allem beim Entspannungsgarten, der ja eine intensive Nähe zur Natur ermöglichen sollte.

Für natürlichen Sonnenschutz sorgt ein schattenspendender Baum ebenso wie eine berankte Pergola. Letztlich erzeugt zwar jede Pflanze ein gewisses Maß an Schatten, aber im Schrebergarten sind in Bezug auf den Sonnenschutz nur bestimmte Planzenarten von Interesse, allen voran nicht zu hoch wachsende Laubbäume oder auch Rankpflanzen. Diese sorgen z. B. über Sitzplätzen für perfekten Schatten. Besonders attraktiv ist echter Wein, der zudem im Herbst das Vergnügen bietet, frische Früchte zu naschen.

Schattenspendendes Laub

Laubbäume sind die Klassiker unter den natürlichen Schattenspendern: Sie wachsen sowohl in die Höhe als auch in die Breite – und das führt zu einer relativ großen verschatteten Fläche. Ihr Blattwerk erzeugt keine einheitlich dunkle Schattenfläche, sondern eine sich stets verändernde Schutzzone. Selbst bei einem kaum spürbaren Luftzug gerät das Blattwerk in Bewegung – und das leise Rauschen der Blätter unterstreicht die Nähe zur Natur.

Nicht zuletzt spielt auch hier wieder das Urbedürfnis nach Sicherheit eine entscheidende Rolle: Unter Bäumen empfindet der Mensch immer ein gewisses Maß an Schutz und Geborgenheit – und das trägt zur Entspannung entscheidend bei.

Allerdings eignen sich nicht alle Baumarten gleichermaßen für den Schrebergarten. Zu berücksichtigen ist hier zu allererst die Vorschrift, dass Laubbäume in den Kolonien nicht höher als drei Meter wachsen dürfen, ausgenommen Obstbäume.

Zu den kleiner bleibenden Arten zählen beispielsweise Zieräpfel (Malus-Arten), Sternmagnolien (Magnolia stellata) , Ebereschen (Sorbus-Aucuparia) oder bestimmte Rubinienarten (Rubinia). Grundsätzlich aber sind im Schrebergarten Obstbäume immer vorzuziehen und bieten häufig auch ein romantischeres Bild. Allerdings sollte man zur Erntezeit, wenn Früchte fallen, nicht mehr unbedingt darunter sitzen.

◄

Grün berankte Pergolen bieten eine besondere, natürliche Atmosphäre, zu der nicht zuletzt das Spiel der Blätter und ihrer Schatten oder einzeln durchscheinende Sonnenstrahlen beitragen.

▼

Zum Entspannen im Schrebergarten braucht man nicht nur bequeme Möbel, sondern vor allem einen geschützten Standort.

Richtig planen

Besser entspannen

Das Gefühl von Ruhe und Erholung lässt sich darüber hinaus mit ein paar kleinen planerischen Maßnahmen noch weiter unterstreichen.

Inseln der Ruhe

Entspannungszonen im Garten sind kleine Inseln, auf die man sich vor Hektik und Stress zurückziehen kann. Und genau dieser Inselcharakter wird erlebbar, wenn man den entsprechenden Gartenbereich deutlich von den Umgebungsflächen abgrenzt und damit zugleich hervorhebt.

Dazu reichen recht einfache gestalterische Eingriffe wie eine sich von der Umgebung abhebende Bodengestaltung. Empfehlenswert ist ein fester Untergrund, auf dem Liege, Gartenstühle oder kleine Sitzgruppen festen Stand finden. Harmonisch wirken hier vor allem Beläge aus Naturstein oder Holz.

Zudem kann man den Inselcharakter auch mit Pflanzen betonen. So lassen sich beispielsweise direkt neben der bevorzugten Liegefläche größere Kübelpflanzen aufstellen, die zugleich auch als Sichtschutz dienen.

Beruhigende Umgebung

Sanfte, großzügige Formen sind ein weiteres Geheimnis des Entspannungsgartens. Schlank hochaufragende und spitz zulaufende Pflanzen wie beispielsweise Königskerze (Verbascum), Prachtscharte (Liatris) oder Ziertabak (Nicotiana) in der Hauptblickrichtung sind deshalb weniger geeignet als kugelförmig wachsende Gehölze. Japanische Stechpalme (Ilex crenata), Muschelzypresse (Chamecyparis obtusa nana) oder Buchsbäumchen (Buxus sempervivens) strahlen weitaus mehr Ruhe aus.

Größeres Blickfeld

Angenehm ist es zudem, wenn die Blicke weit schweifen können. Denn man richtet im Garten einen Stuhl oder eine Liege instinktiv so aus, dass man möglichst weit sehen kann. Zugleich schätzt man Plätze, die im Rücken Schutz und Sicherheit bieten.

Für die Planung bedeutet dies: Der ideale Erholungsplatz befindet sich in einem geschützten Bereich des

Der Erholungsgarten

Gartens, also dort, wo sich im Rücken eine grüne Wand, ein Sichtschutzelement oder eine Laubenwand befinden.

Von dort aus sollten die Blicke am besten weit durch den Garten schweifen können. Idealerweise befindet sich der Entspannungsplatz daher am Rande einer Wiese und zwar unabhängig davon, ob eine Sonnenliege aufgestellt werden soll, eine Bank oder auch nur ein einzelner Stuhl.

Ist diese kleine Entspannungsinsel in erster Linie zum Sonnenbaden vorgesehen, sollte sie am besten an der Nordseite des Schrebergartens angelegt werden. Dann kann die Sonne von Süden perfekt einfallen. Geht es hier eher darum, zu lesen oder Gedanken nachzuhängen, ist es vorteilhaft, wenn von Süden her ein Baum lichten Schatten auf den entsprechenden Platz wirft.

Erholung am Wasser

Wasser ist ein besonders attraktives Gestaltungselement im Erholungsgarten. Es strahlt einerseits Frische und Kühle aus und ermöglicht andererseits das Gefühl von Ruhe und Entspannung.

Sitz- und Liegegelegenheiten direkt am Wasser sind also besonders vorteilhaft. Empfehlenswert ist deshalb z. B. ein kleiner Gartenteich, der sich direkt an den Sitzbereich anschließt.

Alternativ kann man in der Nähe des Liegeplatzes ein kleines Wasserspiel installieren oder einen Quellstein aufstellen. Beide Gestaltungsvarianten besitzen den Vorteil, dass sich das Wasser bewegt und ein leises Plätschern zu hören ist. Dieses hörbare Erleben des Elements Wasser trägt wiederum zur Erholung bei.

Praxistipp

Für viele, vor allem junge Menschen gehört Musik unabdingbar zum Entspannen dazu. Auf die Außenmontage von Boxen sollte man aber im Schrebergarten aus Rücksicht auf die Nachbarn verzichten. Es ist in jedem Fall sinnvoller, einen Kopfhörer zu benutzen und die Lieblingsstücke vom tragbaren MP3- oder CD-Player abzuspielen.

◂◂
Wenn Ruheplätze Schutz im Rücken und einen weiten Blick in den Garten bieten, lässt es sich dort besonders gut entspannen.

▴▸
An kleinen Teichen stellt sich das Gefühl von Ruhe und Erholung schnell ein.

Richtig planen

Das grüne Hobby: Der Ziergarten

Wir lieben Pflanzen! So lautet der heimliche Wahlspruch engagierter Hobbygärtner. Für sie ist der Schrebergarten demnach zu allererst ein Pflanzenparadies, in dem sie ihren Vorlieben für die verschiedensten Gewächse, ihrem gärtnerischen Können und ihrer Lieblings-Freizeitbeschäftigung nach Herzenslust nachgehen können – und das nicht nur im Nutzgarten.

Bei der Planung des „Hobbyraums" Garten geht es deshalb vor allem darum, vielfältige und attraktive Pflanzzonen zu schaffen, besonders für Zierpflanzen. Dabei gibt es zwei Grundausrichtungen: Entweder man entscheidet sich für ein besonders breites Pflanzenspektrum mit vielfältigen Wachstumszonen, oder aber man ordnet die Planung der Vorliebe für eine bestimmte Pflanzenart und deren Ansprüchen unter. Eine solche Gartenanlage bezeichnet man auch als Liebhabergarten.

Der Standort

Bei der Grundplanung gilt es zunächst, sich an den Standortbedingungen zu orientieren, denn die Pflanzen stellen ganz unterschiedliche Wachstumsanforderungen. Dabei stehen die Sonneneinstrahlung und die Bodenvoraussetzungen besonders im Fokus.

Sinnvoll ist in jedem Fall, zunächst eine Bestandsaufnahme vorzunehmen. In Bezug auf die Sonneneinstrahlung bedeutet dies, genau zu analysieren, wo und wieviel Schatten fällt: durch die Nachbarbepflanzung – z. B. Bäume und höhere Kleingehölze – oder auch die Nachbarbebauung (z. B. Hochhäuser an der Koloniegrenze).

Einen genauen Aufschluss über die Bodenbeschaffenheit kann nur eine Bodenanalyse ergeben. Dabei nimmt man die Bodenstruktur (z. B. Festigkeit, Durchlüftung etc.) und den Humusgehalt (Nährstoffe) unter die Lupe. Wichtig ist vor allem die Bodenart und die damit verbundenen Anteile z. B. von Spurenelementen und Schadstoffen oder auch der ph-Wert. Auf Basis der Daten kann man dann, wenn erforderlich, gezielte Maßnahmen zur

Praxistipp

Bodenanalysen bieten spezielle Labors an, die man z. B. in den Gelben Seiten oder im Internet findet bzw. bei den Landwirtschaftskammern erfragen kann. In vielen Vereinen gibt es Mitglieder, die bei der Analyse und auch der Laborsuche behilflich sein können.

Der Ziergarten

Bodenverbesserung ergreifen wie z. B. Düngen oder Austauschen der oberen Humusschicht.

Auch bei Parzellen in sonniger Lage kann man in Bezug auf die Strahlungsintensität eingreifen, indem man halbschattige und schattige Zonen ausbildet. Sie ergeben sich im Laufe der Zeit ganz von allein, wenn man Bäume oder dichtere Gehölze anpflanzt. Je größer sie werden, desto mehr Schatten spenden sie. Damit sie nicht eintönig wirken, können hier schattenliebende Gewächse angepflanzt werden, wie z. B. grüne Farne oder auch Alpenveilchen, Christrosen, Anemonen, Clematis oder Mahonien.

Zierbeete

Beim Begriff Pflanzzonen im Ziergarten denkt man unwillkürlich an einen blühende Garten voller Stauden und Sommerblumen. Um diese aus dem Schrebergarten herauszuheben, bieten sich mehrere Möglichkeiten an. Dazu zählen:

- als größere Pflanzinsel beispielsweise auf einer Rasenfläche
- als Randbepflanzung vor ruhiger, grüner Hintergrundbepflanzung wie beispielsweise einer Kirschlorbeer-Hecke, vor der sie sich kontrastierend abheben
- oder als großes Blumenmeer, das große Flächen des Kleingartens beherrscht.

◄ *Bunte, wild-romatische Sommerbeete ergänzt man am besten durch ruhigere, grüne Nachbarbepflanzung.*

▶ *Zierbeete lassen sich auf verschiedene Weisen in den Garten integrieren, beispielsweise als Pflanzinsel oder auch als Randbepflanzung.*

Richtig planen

Für die Gesamtwirkung ist darüber hinaus die Farbkomposition entscheidend. Edel und stilvoll wirken Zierbeete, die sich auf ganz wenige Blütenfarben konzentrieren. Bunte, farbenfrohe Beete mit unterschiedlichsten Gewächsen wirken hingegen fröhlich und natürlich. Für welche Varianten man sich hierbei entscheidet, sollte vom gewählten Gartenstil abhängen (siehe S. 64 ff).

▼◄
Kübelpflanzen bereichern den Ziergarten. Am besten berücksichtigt man kleinere und größere Pflanzgefäße bereits bei der Grundplanung des Schrebergartens.

▼▶
Wirkungsvoll sind besonders Beete, die sich in einer Blütenfarbe präsentieren. Dabei kann man sowohl mehrere Pflanzen einer Art als auch unterschiedliche Gewächse ansiedeln.

Neben den Blütenfarben spielen natürlich die Wachstumsformen und Blattstrukturen eine wichtige Rolle. So fallen große hohe Pflanzen und volle Blüten grundsätzlich mehr ins Auge als kleine, niedrigere oder auch unscheinbar blühende Arten. Am besten kombiniert man sie, indem man die größeren weiter hinten ansiedelt und kleinere nach vorn setzt.

Zu beachten sind dabei die unterschiedlichen Blütezeiten. Am wirkungsvollsten sind Zierbeete, die das ganze Jahr über das Auge mit ihrer Blütenpracht erfreuen (siehe S. 94).

Weitere Pflanzbereiche

Den Ziergarten aber auf die großen Blumenbeete zu reduzieren, greift zu kurz. Es bieten sich gleich mehrere weitere Möglichkeiten an, das Pflanzspektrum zu erweitern.

So bereichern beispielsweise viele Rankpflanzen den Ziergarten. Ob an Pergolen, Pflanzbögen oder Spalierwänden – Kletterrosen, Clematis und Co. tragen maßgeblich zu einem attraktiven Ziergarten bei.

Für Abwechslung und schöne Blickpunkte sorgen darüber hinaus Hängepflanzen. Geranien oder Männertreu eignen sich nicht nur für Blumen-Ampeln, sondern natürlich auch für Blumenkästen, die man an der Laube befestigt.

Auch Kübelpflanzen bereichern das Gesamtbild des Ziergartens: Dabei können auffallende Solitärpflanzen einzeln in einem Gartenbereich aufgestellt werden; vorteilhafter wirkt es aber meistens, wenn man mehrere Kübelpflanzen gruppiert. Je dichter dabei vor allem kleinere Kübel aneinanderstehen, desto geschlossener und attraktiver erscheinen sie in der Gesamtwirkung.

Der Ziergarten

Faszination Wasser

Die Gestaltung mit Wasser ist eine der faszinierendsten Möglichkeiten, einen Schrebergarten um eine kleine natürliche Attraktion zu bereichern. Denn die Urkraft dieses Elements und seine natürliche Ausstrahlung paaren sich mit einer fast unerschöpflichen Welt gärtnerischer Möglichkeiten.

Die Gestaltungsvarianten sind dabei vielfältig: Das Spektrum reicht vom Miniteich über Quellsteine oder einzelne Wasserspiele bis hin zum Gartenteich. Er bietet bereits auf wenigen Quadratmetern einer ganzen Reihe verschiedener Pflanzen im und am Wasser Lebensraum.

Von der Königin der Wasserpflanzen, der Seerose, über Schilf und Röhricht bis hin zur unscheinbaren Unterwasserpflanze: Hunderte von Gewächsen gedeihen nur im oder am Wasser. Der Gartenteich bietet so die Chance, vielfältige und schöne Pflanzen in den Schrebergarten zu integrieren und das gärtnerische Spektrum um interessante Alternativen zu erweitern. Und natürlich bietet er auch Goldfischen und anderen Tieren Lebensraum.

Von einem Gartenteich profitiert die gesamte Flora im direkten Umfeld. Die höhere Luftfeuchtigkeit, die das Wasser mit sich bringt, fördert Wachstum, Gesundheit und Kraft der Pflanzen. Im Uferbereich leuchten dann Grüntöne meist besonders intensiv und Blüten halten sich länger. Selbst Fröste fallen milder aus, weil das Wasser die Kälte etwas binden kann.

◄
Ein Gartenteich erweitert das Pflanzenspektrum und wirkt sich positiv auf die Umgebungsbepflanzung aus.

▲
Zu den Stars im Gartenteich zählen natürlich Seerosen, die es in vielfältigen Farben und Größen gibt. Aber auch Sumpfdotterblumen bereichern den Ziergarten mit schönem Blattwerk und leuchtenden Blüten.

Praxistipp

Beim Anlegen eines Gartenteichs entscheidet man sich am besten für einen Fertigteich, den es in verschiedenen Größen gibt. Er lässt sich nicht nur relativ einfach aufstellen – die vorgeformten Pflanzbereiche vereinfachen auch das Ansiedeln von Uferpflanzen.

Richtig planen

Der Garten als grüner Treffpunkt

Das Leben im Kreise der Familie genießen, mit Freunden in geselliger Runde zusammensitzen oder einfach nur einmal gemütlich zu zweit plaudern – ein schön gestalteter Garten ist die perfekte Umgebung, sich zu treffen und gemeinsam schöne Stunden in freier Natur zu verbringen. Und je liebevoller man die Gartentreffpunkte gestaltet, desto einladender ist der Schrebergarten und desto wohler fühlen sich Hausherren und Gäste.

Mit einem geselligen Kleingarten verbindet man in erster Linie einen großen Tisch auf der Terrasse, an dem mehrere Menschen Platz finden.

Für das intime Gespräch zu zweit aber erscheint ein großer Tisch eher unpassend, weil man hier zu weit auseinander sitzt. Weitaus besser geeignet ist dazu ein lauschiges Plätzchen auf einer Bank oder ein Bistrotisch mit zwei Stühlen.

Optimal ist es so, wenn der Garten verschiedene Möglichkeiten bietet, sich auszutauschen oder Gemeinsamkeit zu erleben. Das gilt besonders für Familien. Hier findet man im durchdacht gestalteten Schrebergarten Ausweichzonen: Während kleinere Kinder beispielsweise am großen Terrassentisch spielen, können die Eltern etwas abseits an einem kleinen Tisch eine Tasse Tee genießen oder die Jugendlichen auf einer Bank zusammenhocken.

◄ *Ein lauschiges, naturnahes Plätzchen lädt zum intimen Gedankenaustausch zu zweit ein.*

► *Der große Gartentisch ist das Zentrum des geselligen Schrebergartens. Große Pflanzen sorgen für Sichtschutz.*

Der Garten als grüner Treffpunkt

Der große Gartentisch

Er ist das eigentliche Zentrum des geselligen Schrebergartens: der große Gartentisch. Und natürlich steht er am besten auf einer Terrasse direkt neben der Laube.

Für den geselligen Sitzplatz gelten folgende Grundsätze:

▶ Rund um den Tisch sollte so viel Platz sein, dass man gut mit den Stühlen zurückrücken kann, um Platz zu nehmen oder aufzustehen.
▶ Der Terrassenboden sollte eben und fest sein, damit Tisch oder Stühle nicht wackeln.
▶ Der Sonnenschutz sollte so ausreichend sein, dass alle Sitzplätze verschattet werden können, sei es durch einen Sonnenschirm oder natürlichen Sichtschutz.

Schön ist es, wenn man am Tisch möglichst nah an blühenden oder duftenden Pflanzen sitzt. In der Regel ist man aber auch bestrebt, sich vor unerwünschten Einblicken vor allem von außen abzuschotten, und schützende Sichtbarrieren zu schaffen. Hierbei gilt es zu beachten, dass z. B. ein Sichtschutzzaun den Nachteil mit sich bringen kann, dass man sich selbst den Blick vom Sitzplatz aus in den Garten versperrt.

Kübelpflanzen

Dann empfiehlt es sich, größere Kübelpflanzen aufzustellen. Sie bieten nicht nur den Vorteil, dass sie das Pflanzenspektrum um attraktive Gewächse bereichern und die Natur

61

Richtig planen

nahe an den Sitzplatz bringen. Die Kübelpflanzen tragen ihrerseits wiederum zum Sichtschutz bei. Zudem ist es empfehlenswert, an den Wänden – auch zur Laube hin – Rankpflanzen anzusiedeln. Auch sie prägen das Gefühl einer natürlichen Sitzatmosphäre.

Das Grillvergnügen

Grillen zählt unbestritten zu den Lieblingsbeschäftigungen im Sommer – und was kann idealere Voraussetzungen für das heiße Vergnügen bieten als eine Schrebergartenparzelle?

Frisches Grün für knackige Salate, gesundes Gemüse für einen leckeren vegetarischen Spieß oder frische Kräuter für eine schmackhafte Marinade befinden sich in Griffweite. Und so wundert es nicht, dass man sich im Kleingarten an schönen Sommertagen überaus gern zum gemeinsamen Grillgenuss trifft.

Der perfekte Platz für den Gartengrill befindet sich in unmittelbarer Nähe zum Gartentisch und unweit von der Laube entfernt. Die Platzverhältnisse lassen dabei zu, die Kohle nicht nur auf einem kleinen Klappgrill zu entfachen, sondern auch auf einem großen Garten- oder Schwenkgrill. Dabei gilt es vor allem auf ausreichend Abstand zur Umgebungsbepflanzung zu achten. Durch die große Hitze können Gewächse in unmittelbarer Nähe sonst schnell in Mitleidenschaft gezogen werden.

Das gilt vor allem, wenn man einen Schwenkgrill über einer Feuergrube aufstellt. Aus Brandschutzgründen sind hier ringsum zwei Meter Sicherheitsabstand zu Pflanzen und Gebäuden notwendig.

Der Garten als grüner Treffpunkt

Intime Plätzchen

Zu zweit einfach einmal in Ruhe zusammensitzen, eine Tasse Tee oder ein Glas Wein genießen und sich mal wieder richtig austauschen – auch dafür gibt es kaum ein schöneres Ambiente als einen gepflegten Garten.

Der richtige Platz dafür ist aber kaum der große Gartentisch – viel geeigneter ist ein intimes Plätzchen mitten im Grünen wie eine Gartenbank oder ein kleiner Bistrotisch unter einer begrünten Pergola, aber auch eine Hollywoodschaukel oder ein Strandkorb. Besonders lauschig ist ein Sitzplatz mitten in der Natur, zum Beispiel ein Baumstamm, auf dem ein paar bequeme Kissen liegen. Eine solch kleine Gesprächsoase, wo man es sich gerne stundenlang gemütlich macht, steht optimal dort, wo man schöne Blicke in den Garten genießt.

◄◄
Ein besonderer Grill kann den Garten auch optisch bereichern. Zu beachten sind ausreichende Abstände zu Pflanzbereichen.

◄ ▲
Gemütliche Plätzchen laden nicht nur zum Plauschen, sondern auch zum Erleben der Natur ein.

Schrebergärten schöner gestalten

Ein schöner Schrebergarten ist so praktisch wie attraktiv. Um ein stimmiges Gesamtbild zu erzeugen, ist eine durchdachte, harmonische Grundaufteilung besonders wichtig. Dabei kommt es nicht nur darauf an, wo man welche Beete vorsieht, sondern beispielsweise auch auf die Wegführung und die Ausgestaltung der Terrassenfläche. Dieses Kapitel zeigt auf, worauf man bei der Planung achten sollte und welche Möglichkeiten es gibt, einen Kleingarten schöner zu gestalten. Dabei werden auch die verschiedenen Gartentypen vorgestellt – vom Bauerngarten über den Garten mit mediterranem Flair bis hin zum gekonnten Mix verschiedener Stile.

Schrebergärten schöner gestalten

Grundlagen der Gartengestaltung

In jedem Garten liegt das Hauptaugenmerk zunächst auf den Pflanzen. Wie sie wahrgenommen werden, ist aber nicht nur von ihnen selbst abhängig, also von ihrer Größe, der Farbe oder dem Pflegezustand.

Entscheidend ist, in welcher Umgebung sie stehen und wie sie angeordnet werden. So kommt eine Solitärpflanze auf einer sonst freien Fläche viel besser zur Geltung, als wenn sie zwischen anderen, blühenden Pflanzen steht.

Das Beispiel zeigt, wie wichtig solche allgemein gültigen, gartenplanerischen Gesichtspunkte für die Bepflanzung im Schrebergarten sind. Es ist dabei sinnvoll, auf die Kernregeln zu achten, die im Folgenden vorgestellt werden – vor allem bei der Neuanlage eines Kleingartens.

Auf Zeit planen

Jeder Schrebergarten entwickelt seine Schönheit erst im Laufe der Jahre, wenn die Pflanzen ihre endgültige Form und Größe erreicht haben. Vor allem bei der Neugestaltung eines Schrebergartens wird schnell der Fehler gemacht, zu viel anzupflanzen und die Parzelle so zu überfrachten. Weniger ist oft mehr – das gilt vor allem für Bäume und Sträucher, die aufgrund ihrer Größe mit den Jahren zu dominant werden.

Auf der anderen Seite möchte man aber auch in den ersten Jahren schon das Gefühl haben, einen attraktiven Kleingarten sein Eigen zu nennen. Das erreicht man durch einen zweigeteilten Bepflanzungsplan: Er berücksichtigt mehrjährige Pflanzen, die auf Dauer den Schrebergarten prägen sollen, genauso wie Einjährige, die Jahr für Jahr neu gesetzt werden müssen wie z. B. Sommerblumen oder Dahlien.

Am Anfang empfiehlt es sich, vermehrt auf Ein- und Zweijährige zu setzen. Zudem kann man schnell wachsende Pflanzen als „Zwischenlösung" einsetzen, die dann nach einiger Zeit wieder entfernt werden.

Jahreszeit berücksichtigen

Ein gut gestalteter Schrebergarten entfaltet das ganze Jahr über seine Reize – und nicht nur im Frühling und Frühsommer, wenn besonders viele Pflanzen blühen. Bei der Auswahl der Gewächse gilt es also besonders auch auf Blütezeiten und Laubverhalten zu achten. So setzen

Grundlagen der Gartengestaltung

immergrüne Pflanzen auch zu „unattraktiveren" Zeiten grüne Akzente, z. B. an den ersten wärmeren Tagen des Jahres, wenn sich die Frühblüher noch nicht vollständig entfaltet haben.

Ein gut gestaltetes Zierbeet zeichnet sich deshalb dadurch aus, dass man hier Pflanzen mit verschiedenen Blütezeiten findet. Dies können Krokusse und Tulpen sein, die im Frühjahr das Auge mit ihrer Blüte erfreuen, verschiedene Stauden, die im Sommer ihre volle Pracht entfalten sowie Dahlien und Astern, die im Herbst für farbenfrohe Akzente sorgen. Schließlich sollte Immergrünes nicht fehlen, um auch in der kalten Jahreszeit ein abwechslungsreiches Bild zu schaffen. Geeignet sind zum Beispiel Buchsbäume, Kirschlorbeer oder Lonicera. Der Winter-Jasmin erfreut schon im Dezember mit einer Fülle gelber Blüten.

◄ Mit einer niedrigen Einfassung gerahmt wirkt diese Insel mit blühendem Blumenrohr besonders prächtig.

► Stauden bieten mit vielen Farben und Formen Abwechslung fürs Auge.

▼ Im Herbst bringen Dahlien den Garten noch mal zum Leuchten.

Nachbarn berücksichtigen

In der Kleingartenkolonie steht kein Garten für sich. Durch die Offenheit zwischen den Gärten hat man so nicht nur das eigene, sondern immer auch die Nachbargrundstücke mit im Blickfeld. Bei den eigenen

Schrebergärten schöner gestalten

Vorstellungen vom Traum-Schrebergarten gilt es, dies zu berücksichtigen, denn die Grün- und Gartenflächen der anderen Parzellen prägen den Gesamteindruck maßgeblich mit.

Auch für den Nachbargarten gilt, was auf jeden Garten zutrifft: Er hat seine besonders schönen und seine eher unattraktiven Seiten. Dies gilt es bei der Planung des eigenen Gartens einzubeziehen. Meist ist es leicht möglich, unattraktivere Bereich des Nachbargartens durch eine dichte Bepflanzung oder zierende Sichtschutzelemente geschickt zu verbergen.

Wenn der Blick vom Sitzplatz aus so beispielsweise auf einen in die Jahre gekommenen Geräteschuppen oder den Komposthaufen fällt, ist es sicherlich sinnvoll, an der eigenen Grundstücksgrenze ein dichteres Gehölz oder eine berankte Pergola bzw. ein begrüntes Sichtschutzelement vorzusehen.

Zum anderen kann man aber auch von der Nachbarbepflanzung profitieren. Hat beispielsweise das Vereinsmitglied nebenan einen Teil seiner Grundstücksgrenze bereits mit einer Hecke versehen, muss man hier selbst keine weitere grüne Miniwand vorsehen. Und: Warum soll man sich vom Sitzplatz aus nicht auch an besonders schön gestalteten Beeten in der Nachbarparzelle erfreuen?

Spannung erzeugen

Einer guten Schrebergartenplanung liegt ein ausgewogenes Verhältnis unterschiedlicher Nutz- und Pflanzräume zu Grunde. Ob Nutzbeet oder Rasen, Terrassenfläche, Gehölze oder Staudenensembles – wenn die einzelnen Raumelemente klar gegliedert sind, erzeugen sie eine spürbare Ruhe, vor deren Hintergrund die einzelnen Pflanzen in ihrer Form- und Farbschönheit erst richtig zur Geltung kommen.

So wirken Gärten, die mit einem Blick zu erfassen sind, eher langweilig. Das kann man an denjenigen Parzellen gut nachvollziehen, die vom Tor aus mit einem Blick zu überblicken sind. In der Mitte befindet sich dann meist eine große, flach bepflanzte Nutz- oder Rasenfläche, die oft kaum oder gar nicht durch unterschiedliche Zonen gegliedert ist.

Durch unterschiedliche Höhen verschiedener Pflanzbereiche, Sichtbarrieren oder Beetvorsprünge entsteht ein wesentlich attraktiver wirkender Schrebergarten. Durch sol-

Grundlagen der Gartengestaltung

◀◀
Ein spannend gestalteter Garten weckt die Lust am Entdecken.

◀
Leuchtende Farben sorgen für attraktive Blickpunkte.

▼
Ein schmaler, gerader Weg lässt den Garten tiefer wirken.

Praxistipp

Da die Kleingartenparzellen zumeist eher länglich angelegt sind, gilt es die Breite des Grundstücks zu betonen. Das erreicht man durch Beete, die von den seitlichen Grundstücksgrenzen quer in den Garten ragen. Attraktiv wirkt zudem, wenn Pflanzen bei langen geraden Wegen in diese hineinragen – das lockert die Blickachse auf.

che planerischen Maßnahmen ergeben sich versteckt liegende Bereiche, die für Spannung sorgen. Sie wecken Neugier und steigern die Lust am Flanieren durch den Garten. Darüber hinaus tragen Kontraste aller Art zur Spannung bei, so zum Beispiel hell und dunkel, senkrecht und waagerecht oder nah und fern.

Attraktive Blickpunkte

Einzelne attraktive Pflanzen ziehen die Aufmerksamkeit des Betrachters auf sich und lenken den Blick. Das Auge wandert unwillkürlich von einem Blickpunkt zum nächsten. So entstehen Blickachsen, die den Kleingarten vielfältig und interessant erscheinen lassen. Fehlen solche Blickpunkte, wandert das Auge ziellos umher – der Schrebergarten wirkt eintönig und langweilig. Bewusst gestaltete „Hingucker" können die Blicke nicht nur lenken, sondern auch ablenken – zum Beispiel weg von einem unattraktiven Geräteschuppen. Hier könnte ein leicht seitlich versetzt platziertes, buntes Zierbeet die Aufmerksamkeit auf sich ziehen.

Die richtige Perspektive

Gerade kleinere Parzellen kann man durch geschickte Perspektivwirkungen optisch vergrößern. So erzeugen sich leicht nach hinten verjüngende Wege räumliche Tiefe; ähnlich wirken lange Geraden. Wichtig ist vor allem die Betonung des Vordergrunds, denn räumliche Tiefe empfindet man nur, wenn das Auge auch vorn einen Fixpunkt findet. Dazu eignen sich z. B. auffällige Solitärpflanzen wie ein schön gewachsenes Gehölz oder eine üppig blühende Rose.

Schrebergärten schöner gestalten

Die Wegführung

Die Wegführung ist eines der wichtigsten Grundelemente jeden Gartens. Sie lenkt nämlich nicht nur den Schritt, sondern immer auch den Blick. Je nachdem wie die Wege gestaltet sind, nimmt man die Gärten ganz unterschiedlich wahr. Ein gerader, mitten durch die Parzelle führender Weg hat so eine ganz andere optische Dominanz als ein verschlungener Pfad durch Pflanzbereiche. Grundsätzlich unterscheidet man bei der Gestaltung von Wegen Funktions- von Erlebniswegen.

Der Funktionsweg

Hier bestimmt das Ziel den Weg: die Laube, die Mülltonne, das Gartentor. Da diese Wege sehr oft begangen werden, sind nur feste, weitgehend rutschsichere Bodenbeläge empfehlenswert. Neben preiswertem Werkstein- und teureren Natursteinmaterialien bieten sich auch Harthölzer an.

Bei der Randbepflanzung gilt es hier darauf zu achten, dass kein Grün so weit in den Weg hineinragt, dass es beim Gehen stört.

Der Erlebnisweg

Im Gegensatz zum Funktionsweg ist hier der Weg selbst das Ziel. Wichtig ist nicht das Ankommen, sondern das Unterwegssein – z. B. auch, um sich mit Ruhe und Leidenschaft einzelnen Pflanzen zu widmen. Dem-

Grundlagen der Gartengestaltung

◄
Inmitten dieser üppigen Pflanzbereiche ist der Weg nicht nur erlebnisreich, sondern auch funktional: Man kann die Pflanzfläche gut erreichen.

◄ ▼
Hier wird der Weg durch die Randbepflanzung des Beets deutlich betont.

entsprechend geht es nicht darum, Strecken schnell und leicht hinter sich bringen zu können. Weil es hier um die Natur selber geht, sollte sich der Weg nach Möglichkeit nicht durch Art und Gestaltung in den Vordergrund drängen, sondern sich harmonisch in die Gartengestaltung einbinden.

▲
Gewundene Wege laden zu kleinen Entdeckungsreisen durch den Garten ein.

▶
Diese dekorativen Baumscheiben können wie Trittsteine genutzt werden.

▼
Unterschiedliche Beläge lockern die Wirkung auch strengerer Wegführungen auf.

Die Grundstruktur

Grundsätzlich gilt für jede Wegeplanung: Alle Teilbereiche des Gartens müssen erreichbar sein. Das bedeutet nicht zwangsläufig, dass man überall gestaltete Wege anlegen muss. Über eine Rasenfläche oder verdichtete, z. B. mit Rindenmulch abgedeckte, Erde erreicht man ebenfalls gut sein Ziel.

Bei der Planung beginnt man mit den Funktionswegen und den wichtigsten Verbindungsachsen. Sie sollten ausreichend breit gestaltet werden, so dass zwei Personen nebeneinander Platz haben oder sich beim Entgegenkommen ausweichen können. Für alle anderen Wege im Kleingarten sind solche Dimensionen nicht erforderlich.

Gerade im Schrebergarten empfiehlt es sich, breite Wegstrecken so kurz wie möglich zu halten. Aufgrund ihrer Größe wirken sie immer sehr dominant – das Gartenerlebnis tritt so in den Hintergrund.

Schrebergärten schöner gestalten

Kleingärten Schritt für Schritt planen

Wenn Klarheit darüber besteht, wie der Kleingarten genutzt werden soll, ist der erste Schritt zum perfekten Gartentraum getan. Jetzt geht es an die konkrete Umsetzung.

Dabei hilft ein gezeichneter Plan – genau so, wie ein Gartenarchitekt ihn anlegen würde. Am einfachsten fertigt man einen solchen Entwurf mit einem weißen DIN A3-Blatt und so genanntem Entwurfspapier an. Dieses leicht transparente Papier gibt es in Einzelblattform oder von der Rolle.

Der Grundplan

Auf dem DIN A3-Blatt wird zunächst das Grundstück maßstabgetreu aufgezeichnet (z. B. 1 Meter Gartenlänge entspricht 1 cm auf dem Plan). Auch die Himmelsrichtungen sind exakt zu vermerken, um später Licht und Schattenzonen bewusst planen zu können. Außerdem zeichnet man hier die Elemente ein, die man vom Vorgänger übernehmen möchte – z. B. die Laube, alten Baumbestand oder vorhandene Hecken.

Der Planungsentwurf

Wenn der Grundplan steht, geht es an den Entwurf, der die Anlage von Wegen, Terrassenflächen und auch Beeten zeigen soll. Dazu legt man zunächst das Entwurfspapier auf den Grundplan und fixiert es z. B. mit Klebestreifen. Auf diesem Entwurfspapier entsteht der eigentliche Plan. Das Arbeiten mit dem Entwurfspapier hat den Vorteil, dass man bei Planungskorrekturen den Grundplan nicht immer wieder neu zeichnen muss.

Am leichtesten fällt die Planung, wenn man die wichtigsten Grundelemente wie Gartenmöbel oder Spielgeräte maßstabgetreu aus Papier ausschneidet und diese dann auf dem Grundriss so lange verschiebt, bis die optimale Position gefunden ist. So fällt es auch leichter, sich die Größendimensionen des Gartenraums vorstellen zu können. Erst wenn die optimale Position gefunden ist, zeichnet man die Elemente auf das Entwurfspapier.

Folgende Elemente gilt es bei den meisten Planungen zu berücksichtigen:

▶ Laube und evtl. Anbauten
▶ Wegführung
▶ Sitzflächen
▶ Sichtschutz
▶ Verschattung
▶ Beete

Kleingärten Schritt für Schritt planen

- größere Gehölze (z. B. Bäume)
- Nutzungsbedingte Elemente (z. B. Gewächshaus, Spielgeräte, Grill, etc.)

Bepflanzungsplanung

Erst im letzten Schritt wird konkret geplant, was wo und wie angepflanzt werden soll. Das gestaltet sich in der Regel am schwierigsten. Am besten geht man in zwei Schritten vor: Zunächst zeichnet man grobe Bereiche wie Nutz- oder Staudenbeete ein. Zugleich legt man die Position von Bäumen, größeren Sträuchern oder anderen dominierenden Pflanzen und auch Hecken fest. Wichtig dabei ist, dass die vorgesehenen Pflanzen ausreichend Sonne bzw. Schatten bekommen. Erst im zweiten Schritt wählt man dann die einzelnen Pflanzen konkret aus.

Praxistipp

Einen Pflanzplan zu erstellen setzt Wissen und Erfahrung voraus. Bei der Auswahl von Gewächsen sollten Sie stets ein Pflanzen-Bestimmungsbuch mit Angaben zu Licht- und Platzbedarf, der optimalen Bodenbeschaffenheit sowie Wachstumshöhen und Blühphasen zur Hand haben. Im Verein kann man sich zudem auch Rat von erfahrenen Kleingärtnern holen.

◂◂
Ein genauer Plan hilft, die eigenen Vorstellungen zu veranschaulichen.

▴
Die Wegführungsplanung dient auch der Berechnung des Materialbedarfs.

▸
Auch genügend Platz für Zubehör ist zu bedenken.

Die Gartenstile – konsequent gestalten

So individuell gestaltet die verschiedenen Schrebergärten auf den ersten Blick auch wirken mögen – in einem durchdachten, gut geplanten Garten lassen sich stets gestalterische Grundkriterien erkennen, die auf verschiedene Gartenstile verweisen.

Konkrete Vorbilder

Diese Gartenstile orientieren sich an regionalen oder historischen Vorbildern: So spricht man zum Beispiel von mediterranen Gärten, wenn man sich bei der Ausgestaltung am Flair italienischer, südfranzösischer oder spanischer Gärten orientiert. Der klassische Bauerngarten hingegen bietet ein ganz anderes Bild und erzeugt so auch ein ganz eigenes Ambiente.

Letztlich verhält es sich im Garten genau so wie bei einer Inneneinrichtung. Auch hier kombiniert man ja nicht wahllos Möbel, Teppiche oder Tapeten, sondern richtet sich in einem bestimmten Stil ein wie beispielsweise modern oder barock.

Alle Elemente einbeziehen

Bei den Gartenstilen steht die Bepflanzung genauso im Blickfeld wie beispielsweise die Gestaltung von Wegen oder von schmückenden Details. So erzeugt ein einzelner Oleander genauso wenig südländisches Ambiente wie ein einzeln aufgestelltes Terrakottagefäß. Erst wenn viele Gestaltungskomponenten in einem Garten in einer Stilrichtung ausgewählt werden, entsteht ein stimmungsvolles, attraktives Gesamtbild.

Bei einer konsequenten Gestaltung eines Schrebergartens in einem Stil werden folgende Elemente gezielt

Die Gartenstile – konsequent gestalten

ausgesucht und aufeinander abgestimmt:

- Pflanzen
- Weg- und Terrassenbeläge
- Schmückende Details
- Fassadengestaltung der Laube
- Farbe und Formen von Materialien wie Zäunen oder Pergolen

Es ist in jedem Fall empfehlenswert, sich für einen Grundstil im Garten zu entscheiden. So fällt es nicht nur leichter, ein stimmiges Gesamtbild zu erzeugen: Auch die konkrete Auswahl der Pflanzen und die Entscheidung für bestimmte Materialien oder Details fällt leichter.

Dabei bedeutet die Entscheidung für einen Grundstil nicht, dass man nicht auch Elemente einer anderen Gestaltungsrichtung in den Kleingarten einfließen lassen kann. So kann man beispielsweise auch bei der Inneneinrichtung ein sehr modernes Möbelstück mit Antiquitäten kombinieren.

Und: Bis ins letzte Detail in einem Stil durchgestylte Parzellen findet man so gut wie nirgendwo. Denn schließlich geht es hier nicht darum, einen Designwettbewerb zu gewinnen, sondern einen Schrebergarten so zu gestalten, dass er attraktiv wirkt, den Nutzungswünschen entspricht und man sich vor allem selbst darin wohlfühlt.

◄
Üppige Bepflanzungen ziehen nicht nur im Bauerngarten die Blicke auf sich.

▲
Zwischen üppigen Rosen entsteht mit wenigen Mitteln romantisches Flair.

▶
Moderne Gärten zeichnen sich durch eine schlichte Formsprache aus.

Schrebergärten schöner gestalten

Üppige Pracht: Der Bauerngarten

Er ist der Inbegiff von bewusster, aber naturnaher Gartengestaltung: der Bauerngarten. Er lebt von farbenfrohen, unterschiedlichen Blütenstauden, die zusammen mit Rosen und Sommerblumen eine heitere Grundstimmung verbreiten.

Hier wirkt nichts gestylt: Die eigentliche Kunst ist es, einen möglichst natürlichen Eindruck zu vermitteln. Heimische Pflanzen sind bei der Bepflanzung der Schlüssel zum Erfolg – Exoten eignen sich hier eher weniger als Ergänzungspflanzen.

Bunte Pflanzenvielfalt

Zu den gestalterischen Vorzügen dieses Leitbildes zählt, dass sich hier die unterschiedlichsten Zierpflanzen stil- und stimmungsvoll mit den verschiedensten Nutzpflanzen kombinieren lassen: Ob der Apfelbaum auf grüner Wiese, ein breiter Beerenstrauch an der Grenze zum Nachbarn oder Spalierobst an der Laubenwand. Ob ein Kräuterbeet direkt an der Terrasse, Tomaten neben einem Staudenensemble oder leuchtend roter Mangold im Zierbeet – hier verträgt sich alles gleich gut miteinander.

Aber auch wenn man dieses Bild im Kopf trägt – der klassische Garten von Bauernhöfen sieht anders aus. Hier sind nämlich die einzelnen Bereiche klar voneinander getrennt: Der Ziergarten befindet sich neben dem Gemüsegarten, und das Kräuterbeet ist deutlich gegenüber der Obstwiese abgegrenzt.

Erst in den letzten Jahren, als die Grundstücke der Häuslebauer immer kleiner wurden, entstand das Bild vom Bauerngarten, das wir heute mit dem Begriff assoziieren. Denn man machte aus der Platznot die Tugend, alle möglichen Pflanzen

Der Bauerngarten

auf engem Raum miteinander anzusiedeln.

Für den Schrebergarten kann dies bedeuten: Wer ein separates Gemüsebeet plant und dies in eine konsequente Gartengestaltung einbeziehen möchte, für den ist der Bauerngarten eine stilvolle Gestaltungsmöglichkeit.

Natürliche Materialien

Den natürlichen Eindruck unterstreichen auch die Materialien, wie z. B. der Terrassenbelag. Besonders geeignet ist rötlicher Pflasterklinker aus gebranntem Ton oder heimischem Naturstein. Ein unregelmäßiges Pflasterbild und z. B. einzelne, unregelmäßig gebrochene Natursteinplatten als Trittsteine unterstreichen den Gestaltungsanspruch.

Eine kleine Pergola, die mit Rosen berankt ist, gliedert sich im Zusammenspiel mit einer einfachen, naturfarben lasierten Holzbank perfekt ins Gesamtbild ein. Überhaupt bieten sich als Gartenmöbel einfache Holz- und Klappstühle an, die mit bunten, fröhlichen Auflagen bestückt sind.

Schön wirken zudem halbhohe Holzzäune oder ein einfacher Eisenzaun – Sichtschutzelemente sind hingegen nur zweite Wahl.

Der Garten darf ruhig ein bisschen improvisiert wirken – der Bauerngarten verliert also nicht an Reiz, wenn er nicht peinlich genau gepflegt wird. Charme verbreiten einfache Konstruktionen, wie z. B. ein mittig durchsägter Baumstamm als Sitzgelegenheit oder einfache Blumentöpfe ohne Schnörkel als Pflanzgefäße. Genau darin liegt ein weiterer Vorteil des Bauerngartens: Er lässt sich auch mit vergleichbar geringem finanziellen Aufwand realisieren.

◄◄
Zier- und Nutzpflanzen wachsen im Bauerngarten harmonisch nebeneinander.

◄ ▲
In bunter Vielfalt präsentiert sich die Pflanzenpracht, links mit Glockenblumen und Lilien, oben mit Polsterphlox.

▼
Holz wirkt im Bauerngarten auf ganz natürliche Art.

Pflanzen Top Ten

Bauerngarten

Pfingstrosen
Akelei
Dahlien
Sonnenblumen
Beetrosen

Bauernhortensien
Wicken
Spalierobst
Tomaten
Kürbisgewächse

77

Schrebergärten schöner gestalten

Zum Träumen: Der romantische Garten

Ein Garten, der die Seele berührt – das ist das gestalterische Leitbild des Romantikgartens. Ihn zu gestalten, bedeutet so vor allem, die Sinne anzusprechen. Und dies erreicht man besonders, indem man die einzelnen Gartenzonen dicht staffelt und mannigfaltig ausstattet. Vor allem die Pflanzbereiche sollten den Betrachter zu kleinen Entdeckungsreisen einladen und keinesfalls so übersichtlich angelegt sein, dass man alles mit einem Blick komplett erfassen kann.

Vorteilhaft ist, verschiedenste Pflanzen miteinander zu kombinieren – vom flachen Bodendecker bis zum hohen Baum, von der kleinen Sommerblume bis zum buschig wachsenden Kleingehölz, von der zierlichen Staude bis zur kräftigen Nutzpflanze: Im romantischen Garten wächst alles zu einem harmonischen Bild zusammen, ohne sich gegenseitig zu stören.

Das bedeutet aber nicht, dass man zwangsläufig alle Grundsätze der Gartengestaltung über Bord werfen sollte und ein einziges Pflanzenchaos herrschen lässt. So empfiehlt es sich beispielsweise selbst für eine wild-romantische Mischung, die Pflanzhöhen aufeinander abzustimmen – also kleinere Pflanzen nach vorn und höhere nach hinten zu setzen. Zudem sollte man bei den Blütenfarben der Gewächse darauf achten, dass diese miteinander harmonieren. Auch die Wirkung der Farben spielt eine Rolle: So erzeugen Rosa-, Weiß- und Blautöne sehr unmittelbar ein romantisch anmutendes Bild; knallige orange- oder gelbfarbene Blüten hingehen wecken beim Betrachter kaum romantische Assoziationen.

Rosen als Leitpflanzen

Aber ganz gleich, welche Pflanzen man auch auswählt – eines darf nicht fehlen: üppiger Rosenschmuck. Das Sinnbild der Liebe und der Romantik kann gar nicht oft genug wiederkehren, ob als Edel-, Duft-, oder Buschrose im Beet oder als Rankgewächs an Pergola und Torbogen: Die Königin der Zierpflanzen sorgt allerorts für ein ansprechendes Ambiente.

Den natürlich wirkenden Grundcharakter der Bepflanzung unterstreicht man mit möglichst natürlichen Gestaltungsmaterialien. So passt sich z. B. eine Bruchsteinmauer perfekt in den romantischen Garten ein, während Waschbetonplatten den optischen Eindruck vehement stören. Naturstein und Holz, aber auch andere Naturprodukte wie ge-

Der romantische Garten

Pflanzen Top Ten

Romantischer Garten

Englische Rosen
Flieder
Malven
Efeu
Tellerhortensien

Traubenhyazinthen
rosa- oder weißblühende Stauden
Rittersporn
Kirschbaum
Himbeeren

◀◀
Ein lauschiger, etwas versteckt liegender Sitzplatz sorgt für romantisches Flair.

▼
Berankte Bögen, Figuren, von Blüten umwachsen oder berankt, setzen sinnliche Akzente.

brannter Ton oder Kies, eignen sich besonders gut, um den Garten einzuzäunen, Beeteinfassungen zu gestalten oder Terrassen und Wege zu belegen. Den Romantikeindruck verstärkt eine leichte Patina auf dem Material.

Geschwungene Linien

Entscheidende Bedeutung kommt auch der Linienführung zu. Grundsätzlich gilt es, gerade Linien nach Möglichkeit aufzubrechen. Für das Anlegen von Wegen beispielsweise bedeutet dies, sie nicht gerade, sondern leicht geschwungen durch den Garten zu führen.

Und Terrassen sollten nicht rechtwinklig angelegt werden, sondern z.B. in freier Form mit vielen Rundungen gestaltet sein. Vorbild dabei ist die Natur selbst, in der man so gut wie keine Geraden vorfindet.

Man denke nur an Bachläufe, die sich mäandernd durch Wiesen oder Wälder schlängeln. Vorteilhaft ist zudem, wenn Pflanzen die Trittzonen überlappen und beispielsweise dornenlose Gehölze oder auch breit auswachsende Blumen die Ränder von Wegen und Terrassen überragen. Das mindert den Eindruck von streng abgegrenzten Gartenbereichen, schafft sanfte Übergänge und harmonisiert die Gesamtgestaltung.

Schrebergärten schöner gestalten

Flair des Südens: Der mediterrane Garten

▲ *Filigrane Eisen- oder Metallmöbel erzeugen eher einen südländischen Eindruck als dunkle Hölzer. Doch auch schon Accessoires wie dieses provenzalisch anmutende Geschirr oder entsprechende Stoffe lassen sommerliche Urlaubsstimmung aufkommen.*

Mit einem Glas Wein an einem lauen Sommerabend auf einer geschützten Terrasse sitzen, sich von schwerem Lavendel- oder würzigem Rosmarinduft einhüllen lassen, die Blicke auf Terrakotta-Kübel mit üppigem Oleander, kleinen Palmen und Olivenbäumchen gerichtet: So kommt auch nördlich der Alpen im Kleingarten mediterranes Flair auf. Um eine solche Atmosphäre, die Erinnerungen und Assoziationen an heiße Sommer in südlichen Ländern weckt, in seinem Schrebergarten zu erzeugen, braucht es nicht viel.

Insel-Atmosphäre schaffen

So spielt natürlich die Auswahl von mediterranen Pflanzen eine entscheidende Rolle. Palmen wie die weiß blühende Palmlilie (Yukka), oder die winterharte Zwergpalme (Chamaerops humilis) sorgen genauso für mediterranes Flair wie ein Oleanderstrauch oder ein Mandelbäumchen. Die mediterranen Pflanzen brauchen nicht einmal den ganzen Garten zu durchziehen: Um südländische Stimmung aufkommen zu lassen, kann es völlig ausreichen, zum Beispiel einen Sitzplatz in entsprechendem Stil zu gestalten. Wird dieser wie eine kleine Insel optisch von den übrigen Bereichen abgegrenzt, stört es nicht, wenn ein paar Meter weiter im Gemüsebeet Kartoffeln und Porree wachsen.

Natürliche Begrenzungen lassen sich ganz einfach durch entsprechende Gruppen von höher bepflanzten Kübeln schaffen oder auch durch Rankgitter, die frei aufgestellt und üppig berankt eine grüne Wand ergeben. Eine mit Wein oder Blauregen überrankte Pergola erscheint nach einigen Jahren wie ein schützendes Dach, das mit Weinreben oder üppiger Blütenpracht den gewünschten Charakter erzeugt.

Pflanzen präsentieren

Neben der Pflanzenauswahl spielt auch ihre Präsentation eine nicht zu unterschätzende Rolle. So kommen Oleander, Oliven- oder Zitronenbäumchen besonders stilecht zur

Der mediterrane Garten

Pflanzen Top Ten

Mediterraner Garten

Oleander
Lavendel
Rosmarin
Yukkapalme
Zwergpalme

Blauregen
Wein
Olive
Feige
Zitrone

Geltung, wenn sie in dekorativen Terrakotta-Kübeln präsentiert werden. Diese sind nicht nur typisch – vor allem für Italien – sondern erfüllen zugleich eine gärtnerische Funktion: Da viele der Mittelmeerpflanzen nicht winterhart sind, kultiviert man sie bei uns in Kübeln, in denen sie dann gleich auch überwintern können. Einige Pflanzen gedeihen aber auch im Beet, wie verschiedene Lavendel- oder Thymiansorten, aber auch Wein, Blauregen oder Zwergpalmen.

Passend dekorieren

Auch passende Accessoires wie Amphoren aus Terrakotta, antik wirkende Figuren aus Marmor oder Gips oder einzelne dekorative Mitbringsel aus dem Urlaub im Süden tragen zur mediterranen Atmosphäre im Garten bei. Dabei gilt allerdings wie so oft – weniger ist mehr. Dezent eingesetzte Dekorationsstücke wirken sehr viel natürlicher und erzeugen in der Regel deutlich mehr Spannung in der Gesamtwirkung.

Bedeutung kommt zudem auch den Materialien der Gartenmöbel zu: So wirken Tisch und Stühle aus wuchtigem Teakholz ähnlich unpassend wie etwa Plastikstühle. Materialien wie geschmiedetes Metall oder weiß lackierte, leicht wirkende Hölzer sollten den Vorzug erhalten.

Wer bereits andere Möbel besitzt, muss allerdings nicht gleich alles neu anschaffen: Schon mit Stoffen, wie provenzalisch gemusterten Tischdecken oder Sitzkissen lässt sich viel Stimmung erzeugen. Und schon ein einzelner, südländisch anmutender Stuhl – ob aus Holz mit Flechtsitz wie in Griechenland oder aus filigran verschnörkeltem Metall wie in Frankreich – kann, dekorativ in Szene gesetzt, die Blicke auf sich ziehen.

▲
Antik wirkende Figuren oder Terrakotta-Gefäße wie diese liegende Amphore sind typische Gestaltungsmittel aus dem Mittelmeerraum.

▶
Die passenden Pflanzen wie Zitronen oder Oleander dürfen nicht fehlen, sie brauchen aber ein Winterquartier.

Schrebergärten schöner gestalten

Natur pur: Der ökologische Garten

Der ökologische Garten bietet heimischen Pflanzen die Möglichkeit, sich ohne große Eingriffe – also möglichst ohne Dünger oder Pflanzenschutz, ja selbst ohne übermäßiges Wässern – entwickeln können. Auf diesem Wege entstehen natürliche Refugien für zahlreiche Kleintiere wie Schmetterlinge, Igel oder seltenere Vogelarten. Natürliche Kreisläufe stehen im Vordergrund, ökologische Gärtner vertrauen häufig auch auf kosmische Rhythmen, wie den Mondkalender, der bestimmte Aussaat- oder Erntezeiten vorgibt. Der Mensch greift nur zurückhaltend – zumeist eher lenkend – in die natürlichen Abläufe ein.
Die Philosophie dieser Gartenform entspricht eigentlich einem der Kernansprüche des Schrebergartentums, nämlich aktiv etwas für den Schutz von Natur- und Umwelt zu tun. Dennoch finden sich rein naturbelassene Gärten nur selten in den Kolonien. Und das hat gleich mehrere Gründe.

Wilde Gärten

Zwar siedelt man bei der Neugestaltung dieser Gärten zunächst eine ganze Reihe von heimischen Pflanzen an, überlässt sie dann aber weitgehend sich selbst. So entstehen zwar sehr schöne und auch abwechslungsreiche Pflanzenparadiese – allerdings wirken diese eher wild und ungepflegt. Das wird vor allem im Vergleich mit „ordentlichen" Nachbargärten deutlich.

Naturgärtner erfreuen sich auch an Wildpflanzen, die sich selbst ansiedeln. Für die meisten Kleingärtner sind diese aber schlicht Unkraut – und so sind Spannungen vorprogrammiert.

Ein weiterer Punkt sind die Gemüsebeete. Ein streng ökologisch orientierter Gärtner verzichtet darauf, da es sich ja hierbei um eine kultivierte Gartenanlage handelt. Und das wiederum führt zu Problemen mit der Drittelklausel (siehe auch S. 28).

Akzeptabler Kompromiss

Den Garten also einzig dem freien Spiel der Naturkräfte zu überlassen, funktioniert in einer Kleingartenkolonie nur bedingt. Allerdings kann man auch als ökologisch orientierter Gärtner eine Schrebergartenparzelle für sein Anliegen nutzen.

Das beginnt mit dem Verzicht auf exotische Pflanzen – vor allem im Gemüsebeet. Durch das Ansiedeln von weniger verbreiteten heimischen Pflanzen kann man etwas für

Der ökologische Garten

Pflanzen Top Ten

Ökologischer Garten

Glockenblumen
Fingerhut
Wildblumen
Malven
Holunder

Sommerflieder
Sanddorn
Beerensträucher
Wildkräuter
Obstbäume

die Artenerhaltung tun. Und durch striktes ökologisches Gärtnern, zu dem auch z. B. der Verzicht auf alle Arten von künstlichen Dünge- oder Pflanzenschutzmitteln zählt, lässt sich ein weiterer Beitrag für den Umweltschutz leisten.

Diese Form des behutsamen und bewussten Gärtnerns kommt nicht zuletzt auch der Tierwelt zugute: Viele nützliche und auch seltene Arten finden in dieser Gartenform wichtigen Lebensraum. So locken Brennnessel und Sommerflieder Schmetterlinge oder Sanddornsträucher Dompfaffen an; Igel finden ein Winterquartier unter Reisig oder im bewusst liegengelassenen Laubhaufen.

Zunehmend integrieren viele ökologisch orientierte Kleingärtner auch Nistplätze für Insekten in ihren Garten, z. B. in Form angebohrter Holzscheiben als Unterschlupf.

▲
Auch ein Schrebergarten kann nach ökologischen Grundsätzen angelegt werden. Er strahlt dann ein hohes Maß an Natürlichkeit aus.

▼
Schon fast wie Kunstwerke wirken diese Nistplätze für Insekten. Sie sind auch für Kinder eine spannende Möglichkeit, der Natur auf die Spur zu kommen.

Schrebergärten schöner gestalten

Klar gestylt: Der moderne Garten

Der moderne Garten orientiert sich an der Formensprache der zeitgemäßen Architektur: Klare Linien, klassische Formen und aktuelle Materialien sind die visuellen Kernelemente dieses Gestaltungstyps. Der moderne Garten ist dabei letztlich das genaue Gegenteil des Bauerngartens: Nicht die Natürlichkeit ist hier das Maß der Dinge, sondern die bewusste Gestaltung.

Klare Gestaltung

Hier sind verschnörkelte, verspielte oder überladene Gestaltungselemente fehl am Platz. Das Pflanzbild wird so nicht vom bunten Miteinander geprägt, sondern von einzelnen, ganz bewusst ausgewählten und oft auch in spezielle Formen geschnittenen Pflanzen.

Die Klarheit der Gestaltung drückt sich auch in den Beetformen aus: Diese sind klar von den benachbarten Flächen abgegrenzt, überschaubar bepflanzt und in wenigen, meist klaren Farben gehalten.

Eine wichtige Rolle spielen darüber hinaus einzelne Deko-Elemente wie z.B. große Kugeln oder schlanke Stelen, die entweder in Beete gesetzt oder an anderen exponierten Stellen. Die Gesamtinszenierung eignet sich zudem hervorragend, um Kunst im Garten zu präsentieren wie moderne Skulpturen.

Ein beliebtes Gestaltungselement sind darüber hinaus rechtwinklige Teiche, die von geraden Stegen oder Podesten eingefasst sind. Auch symmetrische Quellsteine gliedern sich gut ein.

Bei den Gartenmöbeln, den Terrassenbelägen oder auch der Zaungestaltung kommen moderne Materialien zum Einsatz wie z.B. Aluminum,

Der moderne Garten

Edelstahl oder auch Beton. Auch Holz wirkt nicht deplatziert, wenn es in geradlinigen, klaren Formen zugeschnitten ist.

Damit der moderne Garten so wirkt, wie es das Gestaltungsideal vorgibt, ist nicht nur eine überaus durchdachte Planung notwendig, sondern vor allem auch eine konsequente Pflege.

◄ Schlanke und filigrane Pflanzen wie Gräser oder Bambus sorgen für Eleganz im modernen Garten.

► Auch eine geradlinige Formensprache kann eine warme Stimmung erzeugen.

▼ Schnörkellose Accessoires prägen das Bild des modernen Gartens.

Pflanzen Top Ten

Moderner Garten

Bambus
Gräser
Edelrosen
Clematis
Paradiesvogelblume

Lilien
Kamelien
Roter Sonnenhut
Zierlauch
Seerosen

Schrebergärten schöner gestalten

Strenge Schönheit: Der formale Garten

Das große Vorbild dieser Stilrichtung sind die Barockgärten der großen Schlossanlagen des 18. und 19. Jahrhunderts: Hier führen mit feinem weißem Kies bedeckte Wege, die von flach geschnittenen Buchsbaumhecken gesäumt werden, zu runden oder quadratisch angeordneten Flächen, die ganz unterschiedlich genutzt werden können: Als Freisitz mit einer stilvollen Sitzgruppe, als Bühne für eine schöne Skulptur oder auch als Wasserfläche mit einem kleinen Springbrunnen.

Eine kleine Grünparzelle in der Kolonie und ein repräsentativer Garten – geht denn das zusammen? Und wie! Denn repräsentativ bedeutet nicht zwangsläufig groß – sondern viel mehr ausgesuchten Geschmack, der deutlich und formvollendet nach außen präsentiert wird. Schließlich muss man ja auch nicht Millionär sein, um sich elegant zu kleiden.

Stimmige Proportionen

Für die Wirkung ist die Wegführung genauso entscheidend wie die Gesamtproportionen. So gilt es im eigenen kleinen Garten die Wegbreite und die Heckenhöhe an die Grundstücksgröße anzupassen und das richtige Maß zwischen Großzügigkeit und Intimität zu finden.

Deutliche Kontraste und vor allem die Farben Weiß und Rot sorgen für Eleganz: So heben sich z. B. weiß lackierte Holzmöbel oder eine rote Zierbepflanzung sehr deutlich von grünen Umgebungsflächen ab. Sie ziehen die Blicke auf sich und entfalten ihre repräsentative Wirkung.

Die absolute Leitpflanze ist der Buchs: Hier wird er nicht einfach als Funktionspflanze gesehen, sondern als stilprägendes Element. Entsprechend aufwändig wird er gepflegt

Der formale Garten

und gehegt – vor allem aber in Form geschnitten. Wie die Bildbeispiele auf dieser Seite zeigen, sind der Fantasie dabei kaum Grenzen gesetzt.

Ein solcher Garten entsteht aber erst über die Jahre, denn Buchsbäume wachsen sehr langsam. Neben Geduld ist vor allem gärtnerisches Können gefragt, denn der Formschnitt erfordert viel Erfahrung. Als Alternative bietet sich auch Liguster an.

◄ ▲
Formvollendet präsentieren sich in diesem Münsteraner Kleingarten die über Jahre liebevoll gepflegten Buchsbaum-Exemplare.

▶
Symmetrische Pflanzungen lenken die Blicke und sind wesentliches Stilelement in formalen Gärten.

Schrebergärten schöner gestalten

Eigener Stil: Der individuelle Garten

Sie unterscheiden sich deutlich von den Gärten ihrer Nachbarschaft, muten häufig etwas skurril an und geben nicht selten Anlass zum Schmunzeln: Ganz eigen gestaltete Anlagen, die so recht in kein Schema passen wollen.

Im Unterschied zu manchen eher schlicht oder sogar einfallslos gestalteten – bzw. gar nicht bewusst gestalteten – Gärten zeigt sich hier eine starke Persönlichkeit, die selbstbewusst und gegen den Strom schwimmend ganz eigene Vorlieben oder Designvorstellungen realisiert. Im Mittelpunkt solcher Gärten stehen dabei häufig individuelle Gestaltungselemente, allen voran Figuren oder Skulpturen, hinter denen die Pflanzen oft sogar zurücktreten.

Erlaubt ist, was gefällt

Zu den bekanntesten individuellen Gärten zählen vor allem diejenigen von namhaften Künstlern, die dort ihre eigenen Arbeiten als eine stimmige Gesamtinszenierung präsentieren.

Die meisten privaten Gärten aber, die von eigenen Gestaltungsideen geprägt sind, bewegen sich in weniger intellektuellen Gefilden: Oft wird hier die eigene Interpretation von klassischen Handwerkstechniken präsentiert wie z.B. Schnitzarbeiten oder Flechtarrangements.

Der Garten wird dabei zum Schaukasten des Hobbys umfunktioniert, in dem die Besitzer sich selbst, aber auch Familienangehörigen oder Freunden, das Selbstgeschaffene stolz präsentieren.

Um hier ein stimmiges Gesamtbild zu erzeugen, sollten Individualisten generell den bekannten Grundsatz „weniger ist mehr" beherzigen.

Der individuelle Garten

Denn ein mit zu vielen, bunt durcheinander gewürfelten Dekorationselementen oder kunsthandwerklichen Stücken ausstaffierter Garten wirkt oft unübersichtlich und überladen. Hübsche Schaustücke kommen besser zur Geltung, wenn sie zurückhaltend in verschiedenen Bereichen platziert werden und entdeckt werden wollen.

◄
Bei solch großen und auffälligen Objekten wie diesem Herbstarrangement sollte man auf weitere Dekorationen in der Nähe verzichten.

▼ ►
Ob Gartenzwerg oder künstlerische Figur: Am passenden Ort kommen sie besonders gut zur Geltung.

Schrebergärten schöner gestalten

Weitere beliebte Gartenstile

▲
Pflanzen und Steine haben in asiatischen Gärten immer auch eine gewisse Symbolkraft. Im klassischen japanischen Garten findet man nur dort heimische Gewächse. Da diese hier nur eingeschränkt verfügbar sind, sind unregelmäßige Steine oder auch vereinzelte Figuren wichtiges Gestaltungsmittel für asiatisches Flair.

Neben den bereits ausführlicher vorgestellten Gestaltungsrichtungen gibt es noch eine ganze Reihe weiterer Gartenstile, die allerdings nur selten in Schrebergärten realisiert werden, wie z. B. japanische Gärten. In diese Gruppe fallen vor allem auch Stein- und Wassergärten. Diese lassen sich aufgrund der Kleingartenordnungen nur in Teilbereichen der Parzelle realisieren.

Japanische Gärten

Die Kraft und Ruhe, die Schönheit und die Stärke, die ein fernöstlicher Garten ausstrahlt, suchen in der europäischen Gartengestaltung ihresgleichen. Denn in kaum einem anderen Kulturkreis spielt die Gartengestaltung seit Jahrhunderten eine so entscheidende Rolle wie in Japan und den angrenzenden Ländern.

Bis ins letzte Detail hat man sich hier allen Gestaltungsfragen gewidmet und die Antworten in verschiedenen Lehren – wie dem Feng-Shui – gesucht. Das höchste Ziel, das man mit dem bewussten Ausgestalten der Flächen erreichen kann, ist dabei die Einheit von Natur und Mensch.

Fernöstliche Gestaltung – das wird von vielen vor allem mit bestimmten Gartenaccessoires wie Buddhafiguren oder chinesischen Holzarbeiten sowie mit bestimmten Pflanzen wie Bambus, Fächerahorn oder Ziergräsern gleichgesetzt.

Einen gut gestalteten fernöstlichen Garten aber zeichnet weit mehr aus, allem voran eine sehr naturnahe Gestaltung, die durch viele verschiedene Regeln bestimmt wird. Dazu zählen beispielsweise das Aufbrechen gerader Linien, das aktive Einbeziehen von Steinen und Naturmaterialien oder das Berücksichtigen der Symbolkraft einzelner Elemente.

Wasser- und Steingärten

Bei diesen Gartenstilen steht jeweils ein Urelement im Mittelpunkt. Die gesamte Gartengestaltung ist darauf ausgerichtet, deren Faszination erlebbar zu machen. Im klassischen Steingarten dominieren so große Findlinge und Gesteinsbrocken das Bild, im Wassergarten ein großzügi-

Weitere beliebte Gartenstile

ger Teich, meist verbunden mit einem attraktiven Bachlauf. Diese beiden Gestaltungswelten erfreuen sich vor allem deshalb großer gärtnerischer Zuneigung, weil sie auch das Pflanzspektrum enorm erweitern: von kleinen Steingewächsen über spezielle Uferpflanzen bis hin zu unter der Teichoberfläche lebenden Wasserpflanzen. Im Prinzip handelt es sich so um Liebhabergärten, bei denen es ganz wesentlich auch um die Anzucht und Pflege besonderer Gewächse geht.

Liebhabergarten

Das Spektrum der Gartenstile bereichern schließlich die so genannten Liebhabergärten, die meist einer bestimmten Pflanzenart eine großzügige Bühne einräumen. Das berühmteste Beispiel sind die Rosengärten. Aber auch andere Gewächse können im Mittelpunkt stehen wie Kakteen oder auch Dahlien.

▲▲
Im Liebhabergarten stehen bestimmte Pflanzen im Vordergrund.

▲
Der Wassergarten ist von einer Teichlandschaft geprägt.

◄
Der Steingarten bietet vor allem vielen kleinen Gewächsen Lebensraum.

Die schönsten Pflanzen für den Schrebergarten

Sie sind die stillen Stars in jedem Schrebergarten: die Nutz- und Zierpflanzen. Sie sind es, die den Garten prägen, ihn zum Leben erwecken und ihm seine natürliche Faszination verleihen. Dieses Kapitel zeigt zunächst auf, welche Gesichtspunkte grundsätzlich beim Erstellen eines Bepflanzungsplans Berücksichtigung finden sollten. Die dann folgenden kleinen Pflanzenportraits aus allen wichtigen Bereichen – von den Zierpflanzen bis zu den Kräutern – verstehen sich als Anregung. Sie zeigen, welch vielfältige Möglichkeiten der Kleingarten bietet, der Flora eine vielseitige und attraktive Bühne zu verschaffen.

Die schönsten Pflanzen

Natürliche Pracht: Schöne Gewächse

Bunte Blumen, üppige Stauden, duftende Rosen, köstliche Beeren, frisches Obst und Gemüse, immergrüne Gehölze oder ausgefallene Einzelpflanzen – zunächst hat man meist ein nur grobes und vages Bild vor seinem geistigen Auge, wenn es um die Auswahl der Pflanzen für den Schrebergarten geht. Wird die Planung von Beeten und Pflanzzonen dann konkret, so steht man vor der Qual der Wahl: Hunderte, wenn nicht Tausende von Arten und Sorten bieten sich an – oft eine schöner als die andere.

Es gilt also, eine den eigenen Wünschen und Vorstellungen entsprechende, aber zugleich auch sinnvolle und auch den örtlichen Gegebenheiten und Nutzungsmöglichkeiten entsprechende Auswahl zu treffen.

Zunächst einmal sind hier die in der jeweiligen Gartenordnung aufgestellten Richtlinien oder Vorschriften zu berücksichtigen. Je nach Verein sind bestimmte Pflanzen gar nicht erst erlaubt – sei es, dass sie zu groß werden oder beispielsweise als potenzielle Überträger von Pflanzenkrankheiten gelten und daher unerwünscht sind. Generell ist es aber trotz solcher Einschränkungen fast immer möglich, seine eigenen Vorstellungen bei der Pflanzenauswahl zu verwirklichen.

Stilecht pflanzen

Hat man sich grundsätzlich entschieden, in welchem Stil man den Garten insgesamt gestalten will, so sind damit in der Regel schon ganz bestimmte Pflanzenwünsche verbunden – wie z. B. duftende Rosen für den romantischen Garten oder Malven für den Bauerngarten. Auch eigene Vorlieben für bestimmte Farbtöne oder auch Formen grenzen die Auswahl ein: So träumt der eine von einem Staudenbeet in zarten Rosa- und Blautönen, der andere wünscht sich ein leuchtend gelbrotes Blütenmeer. Oder man bevorzugt natürlich wachsende Sträucher statt in Form geschnittene Gehölze.

Blütezeiten

Besonders im Zierpflanzenbereich des Gartens ist es sinnvoll, auch die Blütezeiten der einzelnen Pflanzen im Auge zu haben: Man sollte die Auswahl so treffen, dass möglichst über das ganze Jahr hinweg immer in verschiedenen Bereichen des Gartens etwas blüht oder die Blicke auf sich zieht. Im Februar sind dies beispielsweise die ersten vorwitzigen Frühjahrsboten wie Schneeglöckchen oder Winterlinge, zu Ostern leuchten Narzissen und Tulpen, im Sommer präsentieren sich die Stauden in ihrer Blüten-

Schöne Gewächse

pracht, die im Herbst von Dahlien oder Astern abgelöst werden.

Und selbst in der kalten Jahreszeit können immergrüne Gehölze oder auch Gräser wunderschöne Bilder zeigen, ob mit Raureif überzogen, oder mit Schnee bedeckt. Auch die Kombination der Pflanzen untereinander sollte passend sein, nicht nur in Bezug auf die Farben der Blüten, sondern auch in Hinblick auf Blattformen und -farben sowie die Wuchsart und Höhe der Pflanzen.

Nicht zuletzt spielt der Standort eine wesentliche Rolle für das Gedeihen – so benötigen einige Pflanzen einen eher kalkhaltigen Boden, andere einen sauren, manche einen leichten, gut durchwurzelbaren Boden, andere einen schweren, der viel Wasser speichert. Viele brauchen volle Sonne, anderen genügt Halbschatten oder sogar ein ganz schattiges Plätzchen. Empfindliche Pflanzen wollen vor Wind, zu viel Regen oder Frost geschützt stehen, andere brauchen eine Wand zum „Anlehnen" oder Rankhilfen.

Gemüse, Kräuter und Co.

Dies betrifft vor allem auch Nutzpflanzen, die ihre ganz eigenen Anforderungen an den Standort und somit an den Gärtner stellen. Auch hier spielt der Boden eine wesentliche Rolle, damit Kräuter, Gemüse, Salat und Obst sich optimal entwickeln können. Vor dem Anlegen der Nutzbeete gilt es so, sich möglichst detailliert über die speziellen Anforderungen der Pflanzen zu informieren.

Wie viele Nutzpflanzen man anbaut, sollte sich danach richten, welche Mengen man später ernten möchte oder überhaupt verarbeiten kann. Und: Nicht alle Nutzpflanzen vertragen sich untereinander. So mögen Tomaten und Gurken zwar im Salat eine harmonische Verbindung eingehen – im Gemüsebeet vertragen sie sich aber nicht.

Die folgenden Portraits verschiedenster beliebter Zier- und Nutzpflanzen geben einen Einblick in die Vielfalt der Möglichkeiten. Sie erheben keinen Anspruch auf Vollständigkeit, erleichtern aber sicherlich – vor allem Schrebergarten-Neulingen – eine erste Orientierung.

◄ *Rosen passen in jeden Garten – egal in welchem Stil er gestaltet ist. Die Königin der Blumen präsentiert sich in unzähligen Farb- und Formvarianten.*

▶ *Die vielfältige Welt der Zierpflanzen präsentiert sich auch in den unterschiedlichsten Wuchsformen.*

Die Symbole

Um die Auswahl der Pflanzen für den Schrebergarten zu erleichtern, finden sich unter den Kurzportraits der einzelnen Pflanzen jeweils einige kleine Symbole mit folgenden Bedeutungen:

☀ *verweist auf den Lichtbedarf der Pflanze, also sonnig, halbschattig oder schattig*

❋ *verweist auf die Blütemonate, die als Orientierung gelten – je nach Standort und Region variiert der Zeitraum*

🍎 *verweist auf die Erntezeiten, auch sie variieren je nach Region, Aussaat- oder Pflanzzeit und Klimabedingungen*

↕❋ *zeigt die Wachstumshöhe an, die jedoch von genauer Art und Sorte abhängt. Es empfiehlt sich, bei der Sortenwahl genauere Informationen einzuholen.*

Die schönsten Pflanzen

Zierpflanzen

Ob winziges Schneeglöckchen oder meterhohe Kaiserkrone, Teppichphlox oder Dahlien, Gräser oder Farne – das Angebot an Zierpflanzen ist so bunt wie formenvielfältig. Dabei bleibt es dem Gärtner selbst überlassen, ob er die Pflanzen selber zieht, also beispielsweise Blumenzwiebeln setzt, Sommerblumen aussät oder Stecklinge einsetzt, oder ob er bereits vorgezogene Pflanzen im Gartenfachhandel kauft, die einfach ins Beet gepflanzt werden können. Wichtig für das gute Gedeihen ist neben den richtigen Standortbedingungen, die die Bodenbeschaffenheit und die Lichtverhältnisse berücksichtigen, natürlich auch die liebevolle Pflege.

Akelei

Diese langstieligen Stauden wirken mit ihren sternförmigen Blüten und gelappten oder gefingerten blaugrünen Blättern sehr anmutig. Die Blüten erscheinen je nach Sorte zwischen April und August, das Farbspektrum reicht von Weiß über Blau bis zu Purpurtönen und Rot. Akeleien bevorzugen humosen Boden. Selbst gewonnenes Saatgut kann man direkt nach der Samenreife wieder aussäen.

Aquilegia

V - VI   30 - 80 cm

Alpenveilchen

Ob Wildes oder Efeublättriges Alpenveilchen – diese immergrünen Knollenpflanzen sorgen vom Herbst bis in den Winter für attraktive Farbtupfer im Garten. Mit dem teils kräftig gemusterten Laub und den unregelmäßig gewellten Blüten wirkt das Alpenveilchen elegant und zerbrechlich. Es eignet sich gut zum Unterpflanzen von Gehölzen. Ideal ist ein wasserdurchlässiger, humoser Boden.

Cyclamen

IX - IV   10 - 15 cm

Astern

Diese weit verbreiteten und sehr artenreichen Stauden lassen sich in Frühjahrs-, Sommer- und Herbstblüher einteilen. Sehr beliebt sind die Herbstastern, die ihre üppige, farbenfrohe Blütenpracht bis in den November zeigen. Dabei bleiben Kissenastern mit 20 bis 50 cm eher niedrig, Raublattastern z. B. können aber bis zu 150 cm hoch werden. Astern kann man durch Teilung oder Stecklinge vermehren.

Aster

IX - X   15 - 150 cm

Zierpflanzen

Blaukissen

Als Klassiker unter den Bodendeckern bildet das Blaukissen dichte Polster aus kleinen, spatelförmigen, grau behaarten Blättern, die etwa 5 bis 15 cm hoch wachsen. Zwischen April und Juni sind sie üppig mit meist blauen oder violetten, bei manchen Sorten auch roten oder rosafarbenen Blüten übersät. Die Pflanze bevorzugt einen durchlässigen, nährstoffreichen und kalkhaltigen Boden.

Aubrieta

IV - V, 5 - 15 cm

Chinaschilf

Diese anspruchslose Pflanze wächst auf fast jedem Boden, bevorzugt aber einen sonnigen, windgeschützten Standort. Sie wächst zu einem buschigen, horstartigen Gräsergeflecht, das zwischen 100 und 200 cm hoch wird. Die schilfartigen, überhängenden Blätter sind meist grünlich, können aber auch leichte Rot- bis Brauntöne enthalten. Sie verzaubern den Garten durch ihr asiatisches Flair.

Miscanthus sinensis

VIII - X, 1 - 2 m

Dahlien

Mit ihren großen, dekorativen Blütenständen in unterschiedlichen Formen und Farben ist die Dahlie auch im Schrebergarten eine der beliebtesten Zierpflanzen für den spätsommerlichen bis herbstlichen Garten. Die Sorten reichen von Zwergformen mit nur 20 cm Höhe bis zu 150 cm hohen Büschen. Ob einfachblühend, gefüllt oder halb gefüllt, ob ein- oder mehrfarbig: Die Vielfalt ist beeindruckend.

Dahlia

VII - X, 20 - 150 cm

Eisenhut

Etwa 80 verschiedene Arten dieser Pflanze existieren in der nördlichen Hemisphäre. Sie bevorzugt einen halbschattigen Standort in kühlem, feuchtem Boden. Die Blütezeit liegt je nach Sorte zwischen Juni und August, Herbsteisenhut blüht bis Oktober. Aufgrund der strahlenden Farben ist der Eisenhut für fast jeden Garten eine Bereicherung, allerdings ist er hochgiftig.

Aconitum

VI - X, 100 - 140 cm

Flammenblume

In Lachs-, Rosa- und Violetttönen präsentiert sich die Blütenpracht dieser Stauden. Man unterscheidet zwischen niedrigwüchsigen, polsterbildenden und aufrecht wachsenden Arten. Phlox bevorzugt je nach Art und Sorte einen sonnigen bis halbschattigen Standort und gedeiht am besten in feuchtem, aber durchlässigem Boden. Zahlreiche kugelartige Blütentrauben sorgen dort für leuchtende Farbspiele.

Phlox

VI - IX, 15 - 120 cm

Fuchsien

Die meisten Sorten der aus Südamerika stammenden Fuchsien-Sorten oder Hybriden sind nicht winterhart und werden so gern in Kübeln oder Ampeln gehalten. Sie bestechen durch ihre oft zweifarbigen, z. B. rosa-, rot- oder violettfarbenen Blüten, die in Trauben oder Rispen wachsen. Die Scharlachfuchsie ist winterhart. Sie benötigt einen schattigen Wurzelbereich und wird bis zu 150 hoch.

Fuchsia

V - X, 20 - 150 cm

Die schönsten Pflanzen

Glockenblume

Ob niedrig und polsterbildend oder hoch mit dichten doldenartigen Rispen besetzt: Glockenblumen sind eine Bereicherung für jeden Garten. Die niedrigen Arten bilden dankbar blühende Blütenteppiche, hohe Arten sind ein attraktiver Blickfang in Rabatten. Hohe Arten müssen meist gestützt werden, einige brauchen zudem Windschutz. Die Farbtöne reichen von Weiß über Blau bis Violett.

Campanula

VI - VIII, 10 - 150 cm

Herbstanemone

Sie zieren Gehölzränder und gedeihen gut in halbschattigen Rabatten, wo sie zwischen August und Oktober ihre großen Blüten in Weiß, Rosa oder Rot zeigen. Die Stauden wachsen locker aufrecht und lassen sich durch das Abtrennen von Wurzelausläufern gut vermehren. Ältere Pflanzen können im Spätwinter bis zum Boden zurückgeschnitten werden, dies fördert den Neuaustrieb und eine üppige Blüte.

Anemone japonica

VIII - X, 30 - 100 cm

Hirschzungenfarn

Mit dem aufrecht buschig wachsenden, immergrünen Streifenfarngewächs lassen sich besonders Randbereiche des Gartens verschönern und dort z. B. Gehölze unterpflanzen. Die bis 40 cm langen, teilweise wellig gekräuselten Blätter sind zunächst hellgrün, bevor sie später kräftig grün und lederartig werden. Hirschzungenfarn gedeiht gut in kalkhaltigem, humosem und feuchtem Boden.

Asplenium scolopendrium

10 - 40 cm

Kaiserkronen

Der leuchtende Blütenstand dieser Zwiebelpflanze thront auf dem bis zu 100 cm hohen, nur im unteren Teil blättertragenden Blütenschaft. Glockenförmige Einzelblüten bilden eine hängende Dolde, die von einem Büschel Hochblätter überragt wird. Die Blütenglocken sind leuchtend Rot, Orange oder Gelb. Kaiserkronen sind bekannt für ihre abschreckende Wirkung auf Wühlmäuse.

Fritillaria imperialis

IV - V, 60 - 100 cm

Krokus

Die Farbenpracht der 5 bis 10 cm hohen Krokusarten reicht von Gelb über Weiß und Blau bis Violett. Man unterscheidet Botanische Krokusse, die schon ab Februar blühen, von großblumigen Gartenkrokussen, zu denen die bekannten Frühlingskrokusse zählen. Außerdem gibt es im Herbst blühende wie den Prachtkrokus. Die Zwiebelpflanzen werden in Gruppen ins Beet oder in die Wiese gesetzt.

Crocus

II - IV, 5 - 10 cm

Lampenputzergras

Dieses horstbildende Gras – auch als Federborstengras bekannt – ist eine willkommene Abwechslung im Garten, da seine kerzenartigen Fruchtstände auch im Winter noch sehr dekorativ wirken. Dieses Gras ist zwar frostbeständig, mag aber keine Winternässe. Mit seiner gelbgrünen bis dunkelvioletten Farbe und der borstig-fedrigen Form passt es in Staudenrabatten, wirkt aber auch alleinstehend.

Pennisetum

VII - X, 40 - 100 cm

Zierpflanzen

Lobelien

Von den meist einjährig kultivierten Stauden ist das Männertreu eine der bekanntesten. Aber auch die höher wachsenden, die Mehrjährigen werden wegen ihrer leuchtenden Blüten geschätzt. Sie sind vielseitig einsetzbar, ob in Rabatten oder als Beetbegrenzung. Lobelia bevorzugt einen sonnigen bis halbschattigen Standort in humosem, tiefgründigem Boden und ist ansonsten relativ pflegeleicht.

Lobelia

VI - X   10 - 100 cm

Montbretien

Diese Pflanze aus der Familie der Schwertliliengewächse besitzt lange, schwertförmige Blätter, die entfernt an Gladiolen erinnern. Die bogenförmigen, überhängenden Blütenstände bestehen aus trichterförmigen Einzelblüten. Das Farbspektrum reicht von Gelb über Orange bis feurig Orangerot. Montbretien benötigen einen vor zu großer Winterkälte geschützten Standort.

Crocosmia

VII - IX   bis 100 cm

Narzissen

Narzissen stehen ganz oben auf der Hitliste der schönsten Frühjahrsboten. Je nach Art und Sorte wachsen sie 10 bis 40 cm hoch. Neben den hochwachsenden, gelben Osterglocken gibt es auch weiße, rosa bis orange und auch zweifarbig blühende Sorten, von denen manche bereits ab Ende Februar blühen. Die Zwiebeln setzt man im September in kalkarmen Boden, wo sie von Jahr zu Jahr wiederkommen.

Narcissus

III - V   10 - 40 cm

Petunien

Mit ihren auffälligen, manchmal gefüllten Blüten und einem Farbspektrum von Weiß, Gelb, Rosa, Rot bis Blau sorgen sie im Garten für fröhliche Akzente. Vor allem hängende Sorten werden gern im Kübel gehalten, verwelkte Blüten schneidet man zumeist ab. Zur Förderung des Flors kann man nach der ersten Blüte die Ranken einkürzen. Petunien brauchen viel Wasser und regelmäßige Nährstoffzufuhr.

Petunia

V - IX   15 - 30 cm

Prachtkerze

Diese dankbar blühende Sommerstaude eignet sich mit ihrer lockeren Wuchsform bestens, um Lücken im Staudenbeet dekorativ zu schließen. Die weißen oder rosafarbenen Blüten präsentieren ihre Schönheit in der Zeit von Juni bis Oktober und stehen meist vierzählig in lockeren Trauben oder Rispen. Prachtkerzen sind pflegeleicht und können milde Winter mit entsprechendem Schutz auch überdauern.

Gaura lindheimeri

VII - X   40 - 100 cm

Rittersporn

Mit ihren aufrechten Blütenkerzen gehören die Ritterspornarten zu den prächtigsten Sommerstauden. Neben dem Hohen Rittersporn (bis 200 cm) sind Belladonna-Hybriden und auch Pacific-Hybriden beliebt. Letztere haben die üppigsten Blüten. Je nach Art und Sorte blühen die Stauden in verschiedenen Blautönen, aber auch in Weiß oder Rosa; einige zeigen ab September einen zweiten Flor.

Delphinium

VI - X   40 - 200 cm

Die schönsten Pflanzen

Schleifenblume

Diese Stauden eignen sich nicht nur zum Bepflanzen von Trockenmauern, sondern auch für Einfassungen oder als Bodendecker im niedrigen Staudenbeet. Zur Blütezeit können sie meterbreite Blütenpolster bilden – meist sind diese weiß, bei einigen Arten auch rosa. Nach der Blüte sollte man sie etwas zurückschneiden und mit Kompost nachdüngen. Schleifenblumen sind frostfest und wintergrün.

Iberis

III - VIII   15 - 40 cm

Schneeglanz

Dieser Frühlingsblüher, auch Schneestolz genannt, gehört zur Hyazinthenfamilie. Er bezaubert mit seinen sternförmigen, meist blauen oder violetten Blüten mit weißem Auge in der Mitte. Es gibt zudem auch rein weiße und auch rosafarbene Sorten. Da Schneeglanz auch im Halbschatten gedeiht, kann man die Zwiebeln gut auch unter Büsche setzen. Der Boden sollte humos und locker sein.

Chionodoxa luciliae

III IV   10 - 15 cm

Schneeglöckchen

Sie sind die bekanntesten Vorfrühlingsblüher und sprießen ab Februar etwa 10 bis 15 cm in die Höhe. Zur vollen Blüte kommt es erst im 2. Jahr, dann hängen die Blütenglöckchen anmutig herab. Der ideale Standort für diese Pflanze liegt im Halbschatten und hat einen durchlässigen, feuchten Boden. Am besten wirken Schneeglöckchen in Gruppen; attraktiv dazu sind Blausterne oder auch wilde Krokusse.

Galanthus

II - III   10 - 20 cm

Seerosen

Die Königin unter den Wasserpflanzen gedeiht auch in kleinen Teichen. Unter den 50 verschiedenen Arten gibt es einige speziell für flache Gewässer, darunter auch winterharte. Ihre Blütenpracht entfalten Seerosen, die es in fast allen Farben gibt, am besten windgeschützt in voller Sonne und in ruhigem Wasser. Bei Frost darf der Wurzelstock nie komplett durchfrieren.

Nymphaea

VI - IX   10 - 20 cm

Sonnenblume

Die eintriebigen, schnellwüchsigen Sonnenblumen werden bis zu 300 cm hoch und sie können so auch als Sichtschutz dienen. Die Kerne lassen sich ab Mitte April direkt im Freiland aussäen. Die anspruchslosen Pflanzen sollten windgeschützt stehen. Sonnenblumen blühen sehr ausdauernd. Wer die Kerne „ernten" möchte, sollte zum Schutz vor Vögeln, rechtzeitig Netze über die Blüten spannen.

Helianthus annuus

VII - X   40 - 300 cm

Sonnenhut

Die buschig wachsende Staude mit den auffallenden gelben Blüten benötigt viel Sonne und einen frischen, nährstoffreichen Boden. Sie wächst zwischen 60 und 100 cm in die Höhe und ist zwischen Juli und September ein Hingucker für jedes Sommerbeet. Beliebt ist die Rudbeckia sullivantii (Goldsturm) mit schmalen dunkelgrünen Laubblättern, die einen starken Kontrast zu den Blüten bilden.

Rudbeckia

VII - IX   60 - 100 cm

Zierpflanzen

Stockrose

Das auch als Bauernrose bekannte Malvengewächs ist ein Klassiker im Bauerngarten. Stockrosen sind meist ein- oder zweijährig und werden bis zu 2 Meter hoch. An kräftigen Stängeln blühen zahlreiche Blüten von unten nach oben auf. Die Farbpalette reicht von Weiß über Gelb bis zu verschiedenen Rottönen. Stockrosen brauchen viel Bodenfeuchte und müssen bei Bedarf gestützt werden.

Alcea rosea

VII - IX   120 - 200 cm

Storchschnabel

Diese Gattung kommt in einer Fülle von Arten und Hybriden vor. Nicht nur die wintergrünen Arten sind beliebte Bodendecker. Sowohl Laub- als auch Blütenfarben sind sehr unterschiedlich – die rundlichen Blätter zeigen sich so z. B. in Silbergrau-, Grün- oder Rotbrauntönen; die Blüten in Zart- bis kräftig Rosa, Blass- bis kräftig Blau, Violett oder Rot. Als Bodendecker pflanzt man etwa 8 Exemplare pro m².

Geranium

V - X   20 - 80 cm

Strahlenanemone

Ihre sternenförmigen Blüten verzaubern den Garten bereits in den ersten Märztagen mit ihrer üppigen Farbenpracht. Je nach Sorte schimmert diese etwa 10 bis 15 cm hoch wachsende Anemone in Rot-, Blau-, Rosa- oder Weißtönen. Es gibt auch zweifarbige Sorten. Die stark gezähnten Blätter liegen auf dem Boden auf und bilden eine Art Teppich. Der Boden sollte eher kalkig und durchlässig sein.

Anemone blanda

III - IV   20 cm

Tulpen

Mit dieser Blume lässt sich eigentlich jeder Garten verzaubern. Es gibt sie in unterschiedlichsten Wuchshöhen, Blütenformen und -farben. Besonders apart sind die häufig in sanften Farben blühenden, niedrigen botanischen Tulpen. Die Blütenkelche öffnen sich sternförmig und kommen in kleinen Gruppen am besten zur Geltung. Tulpen gibt es in fast allen Farben von Weiß bis dunkel Violett.

Tulpia

IV - V   20 - 70 cm

Winterling

Diese 5 bis 15 cm hoch wachsende, krautige Pflanze präsentiert ihre Schönheit meist schon im Februar und gehört damit zu den ganz frühen Blühern. Ihre sechsblättrige, strahlend gelbe Blüte thront auf kahlen, grünen Stängeln. In Gruppen bilden die Winterlinge hübsche Blütenteppiche. Für optimales Gedeihen sollte der Boden nährstoffreich und locker sein, insgesamt ist diese Pflanze anspruchslos.

Eranthis hyemalis

II - III   5 - 15 cm

Ziersalbei

Neben dem als Heil- und Würzpflanze bekannten Gartensalbei (S. officinalis), gibt es zahlreiche Ziersalbeiarten wie z. B. den frostfesten und duftenden Waldsalbei, den es in Blau bis Violett, aber auch in weißen, purpurnen und rosafarbenen Sorten gibt. Feuersalbei hingegen besticht durch meist feuerrote Blüten. Salbei kann bis zu 80 cm hoch werden und bevorzugt trockene, auch sandige Böden und volle Sonne.

Salvia

V - X   60 - 80 cm

Die schönsten Pflanzen

Rosen

Mit Rosen kann man im Garten unterschiedlichste Bilder erzeugen, denn das Angebot verschiedener Typen, Arten und Sorten ist riesig. Bei der Auswahl sollte man zuerst die „Funktion" der Rose im Blick haben: Soll sie eine Laubenwand beranken oder ein Staudenbeet bereichern, soll sie edle Blüten tragen oder ihr Duft verwöhnen?

Beim Kauf der gewünschten Sorten hat Qualität oberste Priorität: Rosen sind in Güteklassen eingeteilt, es empfiehlt sich die Güteklasse A. Als besonders robust und blühfreudig gelten von der Allgemeinen Deutschen Rosenneuheiten Prüfung (ADR) ausgezeichnete Rosen. Qualität, Sortenechtheit und kompetente Beratung gewähren Rosen-Baumschulen – auch in Pflegefragen.

Abraham Darby

Diese Englische Rose duftet stark und kann so gut nahe des Sitzplatzes gepflanzt werden, wo sie für romantische Stimmung sorgt. Sie wird gerne in Rabatten gesetzt, wo sie genug Platz benötigt, um sich zu einem leicht ausladenden Strauch zu entwickeln. Ihre 7 bis 9 cm großen Blüten sind apricotfarben. Diese Rose ist robust, benötigt aber trotzdem einen sonnigen, rosengerechten Standort.

  VI - IX 1,5 - 1,6 m

Augusta Luise

Augusta Luise ist eine noch junge Züchtung, deren gut gefüllte Blüten ein wenig an Pfingstrosen erinnern. Mit ihrem fruchtig süßen Duft passt sie perfekt in den romantischen Garten, wo sie den ganzen Sommer über blüht. Die Blütenfarbe changiert von Rosé bis Apricot mit einem Anflug von Rot und Gelb. Diese wuchsstarke Edelrose wird auch als Hochstamm angeboten.

   VI - X 80 - 120 cm

Bernstein

Selbst bei schlechtem Wetter entwickelt diese Rose ihre ganze Pracht. Sie blüht bernsteinfarben – kräftig goldgelb mit leichtem Rotschimmer. Die Blüten wirken mit ihren nach außen gewölbten äußeren Blättern besonders apart. Die robuste Beetrose wird etwa 80 cm hoch, gedeiht auch im Kübel und gilt bei optimalem Standort als resistent gegen Krankheiten wie Ruß- oder Mehltau und Pilze.

 VI - IX 50 - 70 cm

Rosen

Erotica

Sie macht ihrem Namen alle Ehre: Die dunkelroten Knospen dieser Edelrose verwandeln sich in 12 cm große, blutrote, fast schwarze Blüten, die einen starken, verführerischen Duft verbreiten. Diese ADR-geprüfte Edelrose erreicht eine Höhe von etwa 150 cm und kann gut in Gruppen gepflanzt werden. Aber auch als Stammrose ist sie erhältlich. Sie gilt als robust und sehr wetterfest.

VI – IX, 1 – 1,5 m

Gertrude Jekyll

In England wird diese Rose gewerblich angebaut, da ihre ätherischen Öle für die Parfumherstellung genutzt werden. Und so ist Gertrude Jekyll auch bei Rosenfreunden wegen ihres intensiven, lieblichen Duftes beliebt. Die etwa 90 cm breite und bis 180 cm hohe Strauchrose begeistert aber auch aufgrund ihrer besonders schönen Knospen und der dicht gefüllten, dunkelrosafarbenen Blüten.

VI – IX, bis 180 cm

Ingrid Bergmann

Ihre samtartigen Blüten bestechen durch die strahlende, dunkelrote Farbe, die nicht verblasst. Diese zu den Teehybriden zählende Rose ist dauerhaft reichblühend – oft bis in den November hinein – und zählt zu den schönsten Edelrosen für den Romantikgarten. Sie wird etwa 80 cm hoch, verströmt einen nur leichten Duft und ist auch mit nur etwa fünf Sonnenstunden täglich zufrieden.

VI – IX, 50 – 80 cm

Lawinia

Bis zu 3 m wächst diese breitbuschige Kletterrose aufrecht in die Höhe. Ihre Blätter glänzen in einem dunklen Grünton und verstecken sich hinter den gut gefüllten, rosettenförmigen Blüten. Diese leuchten rosa und duften nur schwach. Lawinia ist öfterblühend und gilt als sehr widerstandsfähig und robust. Sie eignet sich, um zum Beispiel eine sonnige Laubenwand zu bewachsen.

VI – IX, 2 – 3 m

Mirato

Die Bodendeckerrose Mirato zeichnet sich nicht nur durch ihre leuchtend pinkfarbenen Blüten aus, sondern blüht im Gegensatz zu den meisten anderen Sorten unermüdlich von Juni an bis zu den ersten Frosttagen. Dabei reinigen sich ihre Blüten quasi selbst – verwelkte Blüten ordnen sich der Blütenpracht recht unauffällig unter. Mirato kommt mit etwa fünf Sonnenstunden täglich aus, gedeiht also auch halbschattig.

VI – XI, 30 – 80 cm

Schneewittchen

Diese Strauchrose mit ihren acht Zentimeter großen, weißen Blüten gilt als großer Klassiker des vergangenen Jahrhunderts. Sie blüht vom Frühsommer bis zum ersten Frost und übersteht in dieser Zeit nahezu alle äußeren Widrigkeiten. Schneewittchen wächst 100 bis 150 cm hoch. Aus dieser Beetrose können Hecken gebildet werden, sie ziert aber auch Kübel und ist auch als Stammrose erhältlich.

VI – XI, 1 – 1,5 m

Die schönsten Pflanzen

Gehölze & Ranken

Neben blühenden Zierpflanzen spielen auch Gehölze im Schrebergarten eine wichtige Rolle. Sie dienen als Hintergrundbepflanzung oder können Gartenbereiche begrenzen. Viele sind auch mit ihrem Laub und mit schönen Blüten eine besondere Zierde.

Gerade bei Gehölzen muss bei der Pflanzung der Platzbedarf beachtet werden – einige, wie Hortensien oder Kirschlorbeer, vervielfachen ihre Größe innerhalb weniger Jahre. In der Regel sind Gehölze recht pflegeleicht, müssen allerdings regelmäßig ausgelichtet oder zurückgeschnitten werden.

Buchsbaum

Buchsbaumgewächse zählen seit jeher zu den beliebten Gehölzen im Garten. Als Beeteinfassung oder niedrige Hecke sind sie für Schrebergärten sehr gut geeignet. Aber auch als Solitäre sind Buchsbäume dekorativ – ob natürlich gewachsen oder kunstvoll in Form geschnitten. Die anspruchslosen Pflanzen vertragen auch Schatten, mögen kalkreichen Boden und lassen sich gut durch Stecklinge vermehren.

Buxus sempervirens

IV - V   30 - 600 cm

Efeu

Der wüchsige Wurzelkletterer erreicht eine Höhe von 150 bis 500 cm und besitzt meist drei- bis fünflappige, dreieckige Blätter von glänzend grüner Farbe. Bei älteren Pflanzen bilden sich zwischen September und November unscheinbare grün-gelbliche Blüten, die zu giftigen Früchten heranreifen. Die Kletterpflanze benötigt einen möglichst schattigen Standort und sollte feucht gehalten werden.

Hedera helix

IX - X   1,5 - 5 m

Forsythie

Dieser stark verzweigte Strauch ist im Frühjahr ein Blickfang, wenn er üppig mit den strahlend gelben Blüten übersät ist. Sie erscheinen vor dem Laubaustrieb. Forsythien werden bis zu 300 cm hoch und eignen sich auch für Hecken. Sie stellen keine besonderen Standort-Ansprüche. Das Entfernen älterer, nur noch wenige Blüten treibender Zweige fördert eine anhaltend reiche Blüte.

Forsythia

IV - V   2 - 3 m

Natürlicher Sichtschutz und Gehölze

Hortensien

Nicht nur im Bauerngarten sind Hortensien ein prächtiger Blickfang. Typisches Kennzeichen sind die großen Blütenbälle, die je nach Art kugel-, teller- oder traubenartig meist in Weiß-, Rosa- oder Blautönen blühen. Hortensien eignen sich als Solitäre – auch im Kübel. Kletternde Arten werden 5 - 8 m. Optimal stehen sie im lichten Halbschatten; vor allem während der Blüte benötigen sie viel Wasser.

Hydrangea

VI - IX   1 - 8 m

Kirschlorbeer

Aufgrund der Wuchsfreudigkeit eignet sich der immergrüne Kirschlorbeer hervorragend als Hecke. Für kleine Gärten wählt man entsprechend kleine Sorten, die sich weniger stark ausbreiten. Die auch Lorbeerkirsche genannten Sträucher erinnern in der Blattform an Gewürzlorbeer. Im Mai erscheinen weiße, duftende Blüten aus denen sich später kleine schwarze – giftige – Früchte entwickeln.

Prunus laurocerasus

V - VI   1 - 3 m

Liguster

Liguster, auch als Rainweide bekannt, ist vor allem als Heckenpflanze beliebt. Er wächst locker aufrecht und kann Höhen bis zu mehreren Metern erreichen. Es gibt klein- und großblättrige Arten, von denen einige auch wintergrün sind. Im Juni erscheinen kleine weiße Blüten. Hier bilden sich im Herbst erbsengroße Beeren. Liguster ist in allem anspruchlos und verträgt auch starken Rückschnitt.

Ligustrum

VI - VIII   2 - 5 m

Roseneibisch

Der buschig, aufrechte Strauch eignet sich als Kübelpflanze, wo er gern als Hochstämmchen gezogen wird. Robuste Sorten können auch ausgepflanzt werden und zu einem bis 3 m hohen Strauch auswachsen. Die großen Einzelblüten erscheinen im Spätsommer. Das Farbspektrum reicht von Weiß über Rosa bis Purpurrot. Es gibt auch zweifarbige Sorten und gefüllt blühende.

Hibiscus

VII - IX   1,5 - 3 m

Sommerflieder

Die dem Flieder ähnelnden Blüten stehen in langen Rispen an diesem Strauch, der auch Schmetterlingsstrauch genannt wird, da er die Falter zur Blütezeit magisch anzieht. Sie bevölkern die Blüten, die je nach Sorte weiß, rosa oder auch violett sind, und machen den ausladend wachsenden Strauch besonders attraktiv. Sommerflieder braucht Platz, liebt Sonne, ist aber ansonsten anspruchslos.

Buddleia

VII - X   2 - 3 m

Wilder Wein

Diese beliebte Kletterpflanze ist auch als Jungfernrebe bekannt. Sie bevorzugt einen sonnigen bis halbschattigen Standort und kann bis zu 15 m hoch ranken. Die grünglänzenden Blätter sind je nach Art und Sorte meist drei- bis fünflappig oder gezahnt. Im Herbst verfärben sie sich über Gelb zu leuchtend Rot. Die Blüten sind eher unauffällig. Aus ihnen reifen ungenießbare Trauben.

Parthenocissus

V - VIII   5 - 15 m

Die schönsten Pflanzen

Gemüse

Eine gute Planung ist das A & O bei der Auswahl der Pflanzen für das Gemüsebeet. Dabei gilt es nicht nur zu entscheiden, welche Gemüsesorten man anbauen möchte, sondern auch welche Mengen.

Auch Bodenbeschaffenheit und Verträglichkeit der Pflanzen untereinander sind bei der Zusammenstellung der Gemüse-Wunschliste zu beachten. Hier sollte man sich genauer über Mischkulturen informieren. So vertragen sich einige Pflanzen gar nicht als Nachbarn, andere ergänzen sich gut. Zudem spielt für langfristig gute Erträge auch die Fruchtfolge eine Rolle, also der Wechsel von Pflanzen auf einer Fläche. Für den köstlichen Erfolg lohnt es sich, detailliert ins Thema Gemüseanbau einzusteigen.

Bohnen

Je nach Art und Sorte werden bei den Bohnen die ganzen Fruchthülsen oder nur die Samen verzehrt. Sie müssen immer gekocht werden, da sie roh das giftige Phasin enthalten. Es gibt kletternde Arten, wie die sehr verbreiteten Stangenbohnen, oder buschig wachsenden Sorten, wie die Buschbohnen. Gute Beetpartner sind Bohnenkraut, Kohl, Gurken und Salat, ungünstig sind Zwiebeln, Lauch und Erbsen.

Phaseolus

VII - VIII

Erbsen

Erbsen sind einjährige Rankpflanzen, die unterschiedlich hoch ranken. Man unterscheidet drei Formen: Pal- oder Schalerbsen verzehrt man frisch, noch unreif oder trocknet sie später; Markerbsen erntet man auch vor der Ausreife, sie sind süß und zart und eignen sich zum Einfrieren. Zuckererbsen (Kaiser- oder Zuckerschoten) werden unreif geerntet und man verzehrt die ganzen Hülsen.

Pisum sativum

VI - IX

Fenchel

Bei Fenchel unterscheidet man zwischen Gewürz- und Knollenfenchel. Letzterer heißt auch Gemüsefenchel und wird ab März vorgezogen, bzw. ab Mitte April direkt ausgesät. Geerntet wird 3 bis 4 Monate nach der Aussaat bis Ende Oktober. Am besten gedeiht Fenchel in kalkhaltigem, feuchtem, durchlässigem Boden und sollte bei der Knollenbildung angehäufelt werden.

Foeniculum vulgare var. azoricum

VI - X

Gemüse

Gurken

Bei Freilandgurken unterscheidet man die kleinen Einlegegurken (bis 15 cm) von Schälgurken (bis 50 cm) und Salatgurken (bis 40 cm). Die einjährigen Pflanzen wachsen entweder liegend oder mit Blattranken kletternd. Man sollte krankheitsresistente Sorten wählen. Als Mischkulturpartner eignen sich z. B. Kohl, Zwiebeln oder Salat, nicht jedoch Tomaten, Rettich und Kartoffeln.

Cucumis sativus

VI - X

Kartoffeln

Kartoffeln gehören zu den wichtigsten Grundnahrungsmitteln. Im Garten sind besonders die sehr frühen Sorten beliebt, die bereits im Juni geerntet werden. Spätere Sorten sind aber meist unempfindlicher gegen schlechte Witterungsbedingungen. Zudem unterscheidet man u.a. zwischen fest- und mehligkochenden Sorten. Am besten gedeihen die Knollen in leicht saurem, lockerem und humosem Boden.

Solanum tuberosum

VI - VIII

Kohl

Ob Rosenkohl, Blumenkohl, Brokkoli, Chinakohl, Rot- oder Weißkohl – alle Kohlsorten sind sehr gesund und viele als Wintergemüse unentbehrlich. Die im Sommer geernteten Frühkohlsorten werden gleich verzehrt, während sich die im Spätsommer und Herbst gereiften Sorten gut lagern lassen. Kohl ist häufig anfällig für Schädlinge, daher empfehlen sich engmaschige Netze oder Vlies zum Schutz.

Brassica oleracea

VI - XI

Kohlrabi

Von diesem Kohlgemüse mit den weißen, hellgrünen oder violetten Knollen gibt es Früh-, Sommer- und Herbstsorten. Für eine optimale Entwicklung brauchen die Knollen eine gleichmäßige Bodenfeuchtigkeit. Sonst platzen manche Sorten auf. Kohlrabi kann bereits 2 bis 3 Monate nach dem Pflanzen geerntet werden – wenn die zarten Knollen einen Durchmesser von etwa 6 bis 8 cm haben.

Brassica oleracea

V - VIII

Kürbis

Kürbisse zählen zu den ältesten Nutzpflanzen überhaupt. Sie sind nicht nur sehr dekorativ, sondern auch in der Küche vielfältig einsetzbar. Besonders beliebt ist der japanische Hokkaido-Kürbis mit seinem milden Geschmack. Kürbisse sind sehr pflegeleicht; wichtig ist, die Früchte erst vollreif zu ernten, also wenn der Stiel trocken, hart und holzig ist. Anschließend sind sie bis zu einem halben Jahr lagerfähig.

Cucurbita

IX - X

Mangold

Mangold ist ein Rübengewächs, bei dem die Blätter und Stiele in der Küche Verwendung finden. Es gibt zahlreiche, zum Teil sehr dekorative Sorten mit Blattfarben von weißlich bis kräftig grün-rot. Beim Blattmangold werden die Pflanzen zur Ernte 3 bis 4 cm über dem Boden abgeschnitten und treiben dann wieder aus; beim Stielmangold erntet man nach und nach nur die äußeren Blätter.

Beta vulgaris

ab V · 30 - 70 cm

Die schönsten Pflanzen

Möhren

Die orangefarbenen Rüben mit dem feingefiederten Laub zählen zu den beliebtesten Wurzelgemüsen. Es gibt zahlreiche Sorten, die sich in der Rübenform sowie der Erntezeit unterscheiden. Man spricht von frühen, mittelfrühen und späten Sorten, die dementsprechend auch zwischen Februar und Juli ausgesät werden. Bei der Ernte gilt: Je jünger die Möhren, desto süßer und aromatischer sind sie.

Daucus carota

VIII - XI

Paprika

Paprika ist ausgesprochen gesund und kann sogar im Kübel gezogen werden. Die dickfleischigen Früchte des Gemüsepaprikas sind milder im Geschmack als die kleinen, scharfen Gewürzpaprikas (Peperoni). Man kann zwar die unreifen grünen Schoten ernten, aromatischer sind aber die reifen gelben oder roten. Für reichen Ertrag lässt man nur 3 bis 4 Triebe pro Pflanze stehen und knipst die anderen ab.

Capsicum annuum

VI - IX

Peperoni

Peperoni zeichnet sich durch seine meist länglichen, besonders scharfen Früchte aus. Die Pflanzen stellen ähnliche Pflegeansprüche wie die verwandten Gewürzpaprika. Nach der Blüte sollten sie reichlich gegossen werden, denn wird Paprika zu trocken oder kühl gehalten, fallen die Blüten oder jungen Früchte ab. Zum Konservieren kann man die Schoten auf eine Schnur auffädeln und trocknen lassen.

Capsicum annuum

VI - IX

Porree

Porree, auch Lauch genannt, gehört zur Zwiebelfamilie, was sich auch in seinem pikant-herben bis süßlichen, zwiebelähnlichen Geschmack zeigt. Man unterscheidet den Erntezeiten entsprechend zwischen Sommer-, Herbst- und Winterlauch. Der Boden sollte während des Wachstums gleichmäßig feucht gehalten werden. Ein regelmäßiges Anhäufen fördert einen möglichst langen und hellen Schaft.

Allium porrum

ganzjährig

Radieschen

Verantwortlich für das typische Aroma der Radieschen sind in erster Linie Senföle, die als sehr gesund gelten. Man verzehrt die kleinen roten oder weißen Wurzeln als Rohkost. Radieschen sind relativ anspruchslos. Man sollte lediglich auf einen gleichmäßig feuchten Boden achten. Da sie sehr rasch keimen, eignen sie sich gut als Markierungssaat für langsam keimende Gemüsearten, wie z. B. Möhren.

Raphanus sativus

V - X

Rhabarber

Die säuerlich-aromatischen, grünen oder roten Stiele des Rhabarbers eignen sich gut für Marmelade oder Kompott. Die Blätter enthalten Giftstoffe und sollten nicht verzehrt werden. Während der Wachstumszeit benötigen die Pflanzen viel Wasser. Im Hochsommer steigt der schädliche Oxalsäuregehalt der Stangen, daher sollte man Rhabarber ab Ende Juni nicht mehr ernten.

Rheum

V - VI   100 - 150 cm

Gemüse

Rote Beete

Diese Rübenfrucht wird einjährig gezogen und bildet je nach Sorte runde, längliche oder auch flach-runde Knollen aus, die für ihre kräftige rote Frabe bekannt sind. Sie können als Gemüse oder Rohkost verarbeitet werden. Rote Bete benötigen ausreichend Feuchtigkeit. Erntezeit ist von Sommermitte bis in den Herbst hinein, im Spätherbst lassen sich die Rüben z. B. im kühlen Keller gut einlagern.

Beta vulgaris

VI - VIII

Sellerie

Beim Sellerie unterscheidet man zwischen Knollen- und Staudensellerie. Die Blätter des Knollenselleries können schon während der Kulturzeit als Suppengewürz geerntet werden, als Gemüse werden die Knollen verwendet. Stangen- oder Bleichsellerie ist auch als Rohkost beliebt, hier können ab August einzelne Stangen oder die ganze Pflanze geerntet werden. Er wird in humosem Boden kultiviert.

Apium graveolens

VIII - X

Tomaten

Dieses ausgesprochen beliebte Gemüse gibt es in zahlreichen Sorten und Züchtungen mit unterschiedlichen Größen und Formen. Die Pflanzen eignen sich je nach Sorte auch gut für die Topfkultur. Während der Fruchtbildung sollte man die Pflanzen reichlich gießen und regelmäßig düngen. Vor dem ersten Frost erntet man die letzten unreifen Früchte ab und lässt sie an einem warmen Ort nachreifen.

Solanum lycopersicum

ab VII   bis 2 m

Wurzelpetersilie

Wurzelpetersilie erlebt eine Renaissance als beliebtes Wintergemüse, das besonders für Suppen verwendet wird. Sie gedeiht am besten in feuchtem, tiefgründigem und lockerem Boden. Die mehrjährige, frostharte Pflanze kann bis zu 1,20 m hoch werden. Man erntet in erster Linie die gelblich-weißen Wurzeln, die etwa 20 cm lang und 3 bis 5 cm dick werden. Auch die Blätter können verwendet werden.

Petroselinum crispum convar. radicosum

X - XI

Zucchini

Diese besondere Form des Gartenkürbisses ist für ihren üppigen Erntesegen bekannt. Jung geerntet schmecken die kleinen Früchte besonders zart, ausgereift können sie viele Kilo schwer werden. Auch die Blüten sind essbar. Zucchini brauchen viel Platz und sind für Mischkultur so eher ungeeignet. Es gibt auch hoch rankende Sorten. Etwa 6 Wochen nach der Pflanzung kann die Ernte beginnen.

Cucurbita pepo

VI - VIII   ab VII   50 - 200 cm

Zwiebeln

Seit Jahrhunderten werden Zwiebeln nicht nur als Gemüse, sondern auch als Heilpflanze geschätzt. Es gibt zahlreiche Sorten, wie die braunen, weißen oder roten Speisezwiebeln, die schlanken Lauchzwiebeln oder die würzigen Schalotten. Speisezwiebeln können aus Samen oder Steckzwiebeln gezogen werden. Während der Wachstumszeit muss man regelmäßig hacken und ausreichend gießen.

Allium cepa

VII - IX

Die schönsten Pflanzen

Salat

Wer im Sommer Salat ernten will, sollte rechtzeitig Setzlinge im Kleingewächshaus oder auch in flachen Pflanzschalen vorziehen. Auf der Rückseite der Samentütchen findet man Informationen zu den besten Aussaatzeiten. Grundsätzlich gilt: Erst ab März ist die Lichtintensität ausreichend. Ab Mai können die ersten Pflänzchen ins Beet. Spezielle Torfplatten aus dem Handel können komplett mit Pflanze ins Gemüsebeet ausgepflanzt werden.

Wer immer wieder für Nachschub sorgt, kann fast das ganze Jahr über Salate ernten. Dabei unterscheidet man zwischen Kopf- und Pflücksalaten. Erstere werden im Ganzen abgeschitten, bei letzteren können einzelne Blätter nach und nach gepflückt werden.

Chicorée

Chicorée, auch Treibzichorie genannt, zählt zu den Zichoriengewächsen und ist so z. B. mit der Endivie verwandt. Die zweijährige Pflanze treibt erst im 2. Jahr knospenartige Sprosse aus, die vor der Blattentfaltung und Blüte geerntet werden, wenn sie einen Durchmesser von 3 bis 6 cm haben. Danach werden sie zum Treiben mit oder ohne Deckerde in einem gelochten Gefäß im Dunkeln gelagert.

Cichorium intybus

X - XI

Eichlaub

Eichblatt- oder auch Eichenlaubsalat gehört zu den Pflücksalaten. Er zeichnet sich durch seine besonders großen, lockeren Köpfe und einen leicht bitteren, nussigen Geschmack aus. Seine weichen, dunkelgrünen bis rotbraunen Blätter erinnern an Eichenlaub. Wie bei allen Pflücksalaten können die Blätter von außen nach innen abgeerntet werden. Um die inneren Blätter bilden sich dann neue.

Lactuca sativa var. crispa

V - IX

Eisberg

Dieser robuste Verwandte des Kopfsalats ist auch als Eis- oder Krachsalat bekannt. Seine Köpfe sind sehr fest und dicht verschlossen, die Blätter sehr knackig. Eisbergsalat schießt weniger schnell als andere Salate, so dass man ihn im Sommer länger ernten kann. Dabei schneidet man den Kopf dicht über dem Boden ab, am besten frühmorgens, wenn die Blätter noch taufrisch und knackig sind.

Lactuca sativa var. capitata

ab V/VI

Salat

Endivie

Endivien kommen in vielen Sorten vor; die bei uns bekanntesten sind die breitblättrigen, glatten Endivien, auch Escariol genannt, und die schlitzblättrigen, krausen Sorten, die Frisée-Salate. Die äußeren, grünen Blätter sind bitterer als die helleren Innenblätter. Durch Zusammenbinden einige Tage vor der Ernte kann man die Blätter bleichen. Es gibt aber auch selbstbleichende Sorten.

Cichorium endivia

   ab V/VI

Feldsalat

Feldsalat ist ein gesunder Wintersalat, der sich durch einen feinen nussartigen Geschmack auszeichnet. Er ist auch als Rapunzel oder Nüsslisalat bekannt. Die Pflanze ist als Schwachzehrer relativ anspruchslos und eignet sich beispielsweise auch zur Nachkultur. Im September gesät, liefert er den ganzen Winter über das gesunde Grün. Man sollte ihn bei Frost mit Vlies oder Reisig schützen.

Valerianella locusta

   XII - III

Kopfsalat

Kopfsalat zeichnet sich durch einen geschlossenen Kopf und zarte Blätter aus. Ursprünglich eignete er sich nur für den Anbau im Frühjahr und Herbst, es gibt aber mittlerweile auch Sommersorten. Bei der Auspflanzung ist darauf zu achten, dass der Wurzelhals der jungen Pflanzen nicht mit Erde bedeckt ist. Der Boden braucht gleichmäßige Feuchtigkeit und ist regelmäßig zu hacken und zu mulchen.

Lactuca sativa var. capitata

 ab V

Lollo Rosso

Lollo Rosso ist eine dekorative italienische Pflücksalat-Variante mit stark gekrausten, rötlichen Blättern und kräftigem, leicht bitterem Geschmack. Wie alle Pflücksalate bildet Lollo Rosso keinen Kopf aus, sondern locker wachsende Blattrosetten. Als Schwach- bis Mittelzehrer gedeiht er auf jedem humosen und lockeren Boden. Er kann vorgezogen oder direkt ins Freiland ausgesät werden.

Lactuca sativa var. crispa

   V - IX

Radicchio

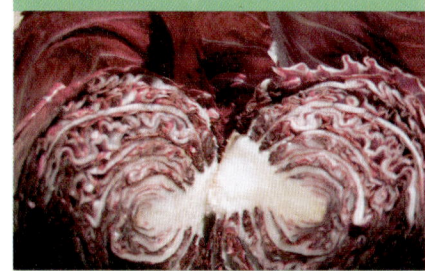

Durch seine purpurfarbenen Blätter und weißen Rippen bringt dieser Verwandte des Chicorées Farbe ins Salatbeet. Beliebt ist er aufgrund seiner knackigen Blätter und seines feinwürzigen, bitteren Geschmacks. Radicchio sollte regelmäßig gehackt und gegossen werden, verträgt aber keine Staunässe. Sollen die Pflanzen überwintern, sollten sie mit Reisig oder Vlies geschützt werden.

Cichorium intybus var. foliosum

  VI - IX

Römer

Der Römische Salat, auch Lattich, Romana oder Sommerendivie genannt, ist mit dem Kopfsalat verwandt. Er wächst aufrecht und hat längliche, ovale Blätter. Sein Geschmack ist herzhaft und leicht herb. Die grünen Blätter des Römischen Salats sind sehr robust, stark gerippt und knackig. Der Salat gedeiht am besten in humosem und nährstoffreichem Boden und sollte gut gewässert werden.

Lactuca sativa var. longifolia

   VI - X

Die schönsten Pflanzen

Obst

Freunde frischer Früchte kommen im Schrebergarten voll auf ihre Kosten. Und je nach Bedarf und Bestand müssen die Früchte der Beerensträucher und Obstbäume noch nicht einmal groß verarbeitet, also z. B. eingemacht werden: Süße Brombeeren, Zwetschgen oder Äpfel landen direkt auf dem Kuchen oder werden von den Kindern sofort genascht.

Bei der Auswahl von Obstsorten sind dem Schrebergärtner kaum Grenzen gesetzt, denn fast alle Obstsorten und -arten sind im geeigneten Format erhältlich. Auf kleinstem Raum bieten sich Spalierobstbäume an oder sogar Apfelbäume im Kübel. Erdbeeren eignen sich auch für Ampeln, Pyramiden oder Hochbeete.

Apfel

Bei diesem Obst-Klassiker hat man die Wahl zwischen zahlreichen Varianten in unterschiedlichsten Wuchsformen: Bei wenig Platz bieten sich kleinwüchsige Sorten oder Spalierobst an. Da Apfelbäume in der Regel nicht selbstfruchtbar sind, muss man zwei bis drei verschiedene Sorten pflanzen, um eine Befruchtung zu gewährleisten. Bei „Duo-Äpfeln", sind bereits zwei Sorten auf einer Pflanze veredelt.

Malus

IV - V VII - X 2 - 10 m

Aprikose

Die süßen, aromatischen Aprikosen sind beliebte Sommerfrüchte, die sich zum puren Verzehr oder auch zum Einkochen eignen. Der Handel bietet meist buschförmig wachsende Varianten an, da diese frühen Ertrag bringen und besser klein gehalten werden können. Am besten gedeihen die Früchte in Gegenden mit Weinbauklima, ansonsten benötigen sie einen frost- und windgeschützten Standort.

Prunus armeniaca

III - IV VII - VIII 4 - 8 m

Birne

Saftige, süße Birnen zählen neben Äpfeln zu den beliebtesten Kernobstarten, sind aber insgesamt empfindlicher und benötigen einen geschützten Standort. Es empfiehlt sich, sie als Spalierobst an einer warmen Südwand zu ziehen. Für kleinere Gärten eignen sich auch Baumformen wie Spindel oder Buschbaum. Birnen sind nicht selbstfruchtend und benötigen eine zweite Sorte als Pollenspender.

Pyrus communis

IV VII - XI bis 20 m

Obst

Brombeere (dornenlos)

Für den Garten bieten sich vor allem dornenlose Brombeeren an, die als bis 200 cm hohe Halbsträucher – z. B. an Spanndrähten – oder auch als rankende Sorten kultiviert werden können. Letztere bilden bis zu 8 m lange Triebe aus, die gut z. B. an Zäunen wachsen. Die Beeren wachsen nur an jungen, vorjährigen Ruten. Es empfiehlt sich ein warmer und windgeschützter Standort.

Rubus

VI - XIII VII - X bis 8 m

Erdbeere

Die köstlichen roten Früchte der Erdbeerpflanze sind ein allseits beliebtes Naschobst im Garten. Es gibt verschiedene Sorten, die einmal oder mehrfach, sogar bis in den Herbst hinein Früchte tragen können. Als besonders aromatisch gelten die kleinen Walderdbeeren. Sorten mit ihren reichlichen Ausläufern bilden bodendeckende Teppiche, einige können auch in Hängekübel gepflanzt werden.

Fragaria

V - X V - X

Blaubeere

Blaubeeren werden im Garten meist in Kulturformen angebaut, die besonders große Früchte tragen. Nennenswerten Ertrag gibt es etwa ab dem vierten Jahr. Die 100 bis 300 cm hoch wachsenden Sträucher zieren mit ihren kleinen spitz-ovalen Blättern auch den winterlichen Garten. Für gutes Gedeihen empfiehlt sich ein windgeschützter Standort in gleichmäßig feuchtem, saurem Boden.

Vaccinium

V ab VII 1 - 3 m

Himbeere

Wer die aromatischen Himbeeren im eigenen Garten ernten will, kann zwischen verschiedenen Arten wählen, darunter einmal- oder herbsttragende oder sogar gelbfruchtige Sorten. Die bestachelten Halbsträucher bilden lange, zum Teil überhängende Ruten aus, die windgeschützt gut z. B. an Spalieren gezogen werden können. Da Himbeeren flach wurzeln, wird der Boden um die Pflanze nicht gehackt.

Rubus idaeus

Mitte V VI - X 1,5 - 2,5 m

Holunder

Dieser auch als Holler- oder Fliederbeerbusch bekannte Großstrauch ist ein sehr genügsames Gewächs, das auch in frei wachsenden Hecken zum Einsatz kommt. Die hellen Blüten, die in üppigen Dolden im Mai erscheinen, können z. B. zu köstlichem Sirup verarbeitet oder ausgebacken werden, die schwarzen Beeren sind zwar roh ungenießbar, zu Saft verarbeitet aber äußerst gesund.

Sambucus nigra

V - VI VI - VII 3 - 5 m

Johannisbeere

Ob fruchtig-säuerlich rot, süß-säuerlich weiß oder herb schwarz – alle Johannisbeeren enthalten viel Vitamin C, sind relativ unkompliziert und beanspruchen nicht viel Platz. Die Pflanzen werden als Stämmchen oder Sträucher angeboten. Während der Wachstumszeit ist der Boden gleichmäßig feucht zu halten. Die meisten Sorten sind selbstfruchtbar; eine zweite Sorte in der Nähe erhöht jedoch den Ertrag.

Ribes

IV VI - X 1 - 2 m

Die schönsten Pflanzen

Josta

Jostabeeren sind eine Kreuzung aus schwarzer Johannisbeere und Stachelbeere. An ausladenden Sträuchern reifen ab Mitte Juli die etwa kirschgroßen, braun- bis schwarz-roten Beeren, die süß-säuerlich schmecken. Sie können frisch genascht, aber auch z. B. zu Marmelade verarbeitet und auch eingefroren werden. Jostas werden im Herbst gepflanzt, mögen leicht sauren Boden und gelten als robust.

Ribes x nidigrolaria

IV - V   Mitte VI   1,5 - 2 m

Kiwi

Kiwis müssen nicht aus Neuseeland kommen – die bis 10 m hoch wachsenden Schlingpflanzen gedeihen auch im heimischen Garten. Sie benötigen einen geschützten Standort, z. B. an einer warmen Südwand, und einen tiefgründigen, gleichmäßig feuchten Boden. Kiwis sind von Natur aus zweihäusig, es gibt aber auch schon selbstbefruchtende Arten. Die Früchte reifen gegen Ende Oktober.

Actinidia

VI - VII   ab X   3 - 10 m

Mirabelle

Die Pflanze aus der Familie der Pflaumen trägt kugelrunde, gelbe Früchte, die mit ihrem honigsüßen Fruchtfleisch etwas saftiger und süßer als Pflaumen sind. Man verzehrt sie frisch oder bereitet daraus z. B. Marmelade, Saft oder Obstbrand zu. Die Bäume gelten als Massenträger, die eine reiche Ernte versprechen. Sie gedeihen am besten an einem warmen und geschützten Standort.

Prunus domestica

IV - V   VII - XI   bis 10 m

Pfirsich

Süße, aromatische Pfirsiche gedeihen auch bei uns: In Deutschland pflanzt man dazu meist Buschbäume oder zieht die Früchte an Spalieren. Zum Kauf empfehlen sich einjährige Veredelungen, die man im Frühjahr pflanzt. Pfirsiche brauchen Wärme und einen geschützten Standort, z. B. vor der Südwand der Laube. Am besten gedeihen Pfirsiche im Weinbauklima in kalkhaltigem, sandigem Boden.

Prunus persica

III - IV   ab VIII   bis 8 m

Quitte

Quitten kommen mit der Rückbesinnung auf alte Obstsorten zunehmend wieder in Mode. Man unterscheidet nach der Form zwischen aromatischen Apfelquitten und den weicheren, saftigeren Birnenquitten. Sie wachsen an kleinen Bäumen oder Sträuchern; es gibt auch Sorten für Kübel. Nach der Ernte im Oktober müssen die Früchte noch einige Wochen im Haus nachreifen, bevor sie verarbeitet werden.

Cydonia oblonga

V - VI   IX - X   bis 6 m

Reneclaude

Für Pflaumen-Fans, die besonders saftiges Obst zu schätzen wissen, bieten sich die kugelrunden, aromatischen Reneclauden an. Im Garten empfiehlt sich ein Standort in tiefgründigem und nährstoffreichem Boden. Die reifen Früchte können frisch verzehrt oder zu Kompott verarbeitet werden. Sie halten sich allerdings nach der Ernte nur wenige Tage, man sollte sie also möglichst sofort verarbeiten.

Prunus domestica

IV   VIII - X   4 - 6 m

Obst

Sauerkirsche

Sauerkirschen eignen sich für kleine Gärten besser als Süßkirschen: Sie sind nicht nur wesentlich kleiner im Wuchs, sondern auch robuster. Man unterscheidet Weichselkirschen, zu denen die Schattenmorellen zählen, von Amarellen, die hellere Früchte tragen, und Bastardkirschen, in die Süßkirschen eingekreuzt wurden. Die Bäume benötigen einen möglichst sonnigen, nährstoffreichen Standort.

Prunus cerasus

　　IV - V　　VII - VIII　　bis 6 m

Schlehdorn

Die Schlehe ist ein Wildobstgehölz, das sich durch besonders dekorative, zierliche weiße Blüten auszeichnet. Daraus entwickeln sich im Spätsommer runde, schwarzbläulich bereifte Früchte mit grünem, saurem Fleisch, die man nicht roh verzehrt, sondern zu Marmeladen, Likören etc. weiterverarbeitet. Vorsicht bei kleinen Gärten: Die Pflanzen neigen stark zur Ausläuferbildung und sind sehr dornig.

Prunus spinosa

　　IV - V　　X　　1 - 3 m

Stachelbeere

Stachelbeeren werden als aufrechter Strauch oder Stämmchen, mit grünen, roten oder gelben Früchten angeboten. Sie sind zwar selbstfruchtbar, jedoch kann eine zweite Sorte zu einer reicheren Ernte beitragen. Regelmäßiger Schnitt sorgt für größere, besser reifende Früchte. Die erfrischend säuerlichen Beeren können frisch verzehrt oder zu Marmelade, Gelee, Kompott oder Kuchen verarbeitet werden.

Ribes uva-crispa

　　IV - V　　V - VII　　1 - 1,5 m

Wein

Im Garten eignen sich die ausgesprochen dekorativen Weinranken hervorragend zur Begrünung von Zäunen, Mauern oder Lauben. In milden Regionen erzielt man bei den – je nach Sorte gelben, hellgrünen, roten oder schwarzblauen – Trauben die besten Ergebnisse. Man sollte immer für einen geschützten Platz mit geeigneter Rankhilfe sorgen, z. B. eine nach Süden ausgerichtete Wand.

Vitis vinifera

　　VI - VIII　　ab IX　　5 - 15 m

Zitrone

Wie alle Zitrusfrüchte liebt auch die Zitrone einen Standort, der ihrer südlichen Heimat möglichst nahe kommt. So gedeiht sie am besten an einem geschützten, sonnigen Standort. Sie verträgt weder Ballentrockenheit noch Staunässe. Es empfiehlt sich, bereits früchtetragende Pflanzen zu kaufen, die am besten im Kübel gehalten werden. So lassen sich die nicht frostfesten Pflanzen am besten überwintern.

Citrus limon

　　III - VIII　　III - VIII　　0,6 - 2 m

Zwetschge

Zwetschgen unterscheiden sich von Pflaumen durch ihre länglichere Form. Außerdem zeichnen sie sich durch ihr festes Fruchtfleisch aus und haben keine Fruchtnaht. Angesichts der Arten- und Sortenvielfalt empfiehlt sich die Beratung im Gartenfachhandel. Beim Kauf sollten sowohl persönlicher Geschmack als auch die Standortbedingungen im Garten entscheidend sein.

Prunus domestica

　　IV - V　　VIII - IX　　3 - 8 m

Die schönsten Pflanzen

Kräuter

Im Nutzgartenbeet des Schrebergartens lassen sich leicht feinste Kräuter zur Bereicherung der frischen Küche ziehen. Selbst bei geringem Aufwand wird man hier mit köstlichen Aromen belohnt. Für Anfänger eignen sich hervorragend vorgezogene Setzlinge aus dem Garten-Fachhandel. Kresse, Schnittlauch, Petersilie oder Majoran kann man auch direkt ins Beet säen.

Kräuter, die aus mediterranen Gebieten kommen, brauchen einen windgeschützten, sonnigen Standort. Mit einer Kräuterspirale lässt sich gleichzeitig verschiedenen Standortansprüchen gerecht werden. Grundsätzlich können Kräuter fortlaufend geerntet werden, vor der Blüte haben sie meist jedoch ein besonders intensives Aroma.

Basilikum

Auch bei uns erfreut sich das feinwürzige Basilikum hoher Beliebtheit und fehlt mittlerweile in kaum noch einem Kräutergarten. Beim Selberziehen ist zu beachten, dass die Saat dieses Lichtkeimers nur mit wenig Erde bedeckt sein darf. Basilikum braucht im Sommer regelmäßig Wasser, reagiert aber empfindlich auf zu viel Regen. In nasskalten Jahren empfiehlt sich daher das Gewächshaus als Standort.

Ocimum basilicum

Dill

Das würzig-aromatische Kraut harmoniert nicht nur in der Küche mit Gurken oder Salat, sondern ebenso in der Mischkultur im Gemüsebeet. Das einjährige Kraut kann über 100 cm hoch werden und ist auch in der Blüte attraktiv. Sowohl die zarten Blättchen als auch Blütenstände und Samen sind verwendbar. Am besten gedeiht die Pflanze in gut gelockertem, gleichmäßig feucht gehaltenem Boden.

Anethum graveolens

Minze

Die belebend-würzigen Minzblätter können den ganzen Sommer über gepflückt werden und z. B. erfrischende Getränke, Desserts oder Salate verfeinern. Zum Trocknen schneidet man die Triebe vor der Blüte dicht über dem Boden ab und hängt sie zusammengebunden kopfüber auf. Die Pflanzen sind ausgesprochen pflegeleicht und anspruchslos. Sie breiten sich allerdings gern aus.

Mentha

Kräuter

Petersilie

Mit dem herb-würzigen Geschmack gilt Petersilie als Klassiker unter den Küchenkräutern. Man unterscheidet zwischen der sehr aromatischen glattblättrigen Petersilie und der dekorativen krausblättrigen. Die Pflanzen benötigen nach der Aussaat viel Feuchtigkeit, vertragen allerdings keine Staunässe. Da sie sehr langsam keimen, empfehlen sich die schnelleren Radieschen als Markierung.

Petroselinum crispum

  25 cm

Rosmarin

Der herb-aromatische Rosmarin ist wichtiger Bestandteil der mediterranen Küche. Die duftende Pflanze ist aber nicht nur wohlschmeckend, sondern auch optisch attraktiv. Eigentlich zur Topfkultur prädestiniert, kann man sie auch ins Beet setzen, wo sie an einem geschützten Platz milde Winter meist übersteht. Blätter und Zweigspitzen des Rosmarins lassen sich sehr gut trocknen.

Rosmarinus officinalis

  30 - 150 cm

Salbei

Salbei gilt nicht nur als schmackhaft, sondern vor allem auch als Heilpflanze. Die im Mittelmeerraum heimische Pflanze liebt einen warmen, windgeschützten Standort und einen durchlässigen, eher trockenen Boden. Die Salbeiblätter können jederzeit nach Bedarf geerntet werden, wobei sie vor der Blüte im Mai besonders aromatisch sind. Sie lassen sich gut trocknen und so auch als Tee verwenden.

Salvia officinalis

   50 - 80 cm

Schnittlauch

Dieses allseits beliebte Küchenkraut zeichnet sich durch den würzigen Geschmack seiner Blätter und die dekorativen rosa- bis lilafarbenen Blütenkugeln aus. Man sollte sich allerdings entscheiden, ob man Schnittlauch als Zier- oder Gewürzpflanze verwenden will, denn das Blühen geht zu Lasten des Geschmacks. Beim Ernten schneidet man die Röhrchen bis 2 cm über dem Boden ab.

Allium schoenoprasum

  20 - 40 cm

Thymian

Die aromatisch duftende Pflanze mit den attraktiven rosafarbenen bis violetten Blüten und den herb-aromatischen Blättern ist ein beliebtes Gewürz vor allem für Fleischgerichte. Als Schwachzehrer fühlt sich Thymian in sandig-humosem, magerem und trockenem Boden besonders wohl. Beim Ernten empfiehlt es sich, die Zweige nicht zu tief abzuschneiden, so treiben sie eher wieder aus.

Thymus vulgaris

   10 - 40 cm

Zitronenmelisse

Zitronenmelisse ist schon seit der Antike bekannt. Ihre Blätter schmecken erfrischend zitronig. Die buschig wachsende, winterharte Pflanze wird bis zu 75 cm hoch; breitet sie sich zu stark aus, kann man sie gut teilen. Sie bevorzugt einen warmen Standort und humosen Boden. Man kann sie gut zwischen Himbeeren setzen, auch zusammen mit Minze. Alle 4 bis 5 Jahre sollte man sie verpflanzen.

Melissa officinalis

  50 - 80 cm

Gestaltung in der Praxis

Das Bild eines Schrebergartens wird nicht allein von den Pflanzen bestimmt, sondern von verschiedensten Details. Ob Lauben oder Gewächshäuser, Bodenbeläge oder Beeteinfassungen, Tore oder Teiche – die Summe aller Gestaltungselemente prägt die Wirkung der Kleingärten in einer Kolonie. Dieses Kapitel zeigt, worauf es bei der Planung ankommt. Dabei geht es nicht nur um ästhetische Aspekte, sondern auch um funktionale Fragen beispielsweise zum Pflegeaufwand. Die zahlreichen Fotos verstehen sich als Anregung, wie man den Schrebergarten in der Praxis schön und sinnvoll gestalten kann.

Gestaltung in der Praxis

Die Laube, das Zentrum des Gartens

Die Laube ist neben den Pflanzbereichen das Gartenelement, das den Gesamteindruck am maßgeblichsten prägt. Sie ist zugleich das Zentrum des Gartens, in dem sich das Leben abspielt, ganz gleich ob man hier die Freizeit genießt oder den kleinen Alltagspflichten nachgeht. Die Laube sollte deshalb sowohl ansprechend gestaltet als auch funktional ausgerichtet sein.

Der Pflegezustand

Für den Gesamteindruck ist dabei nicht nur die Art – also Typenlaube oder individuelles Häuschen (siehe S. 30) – entscheidend, sondern vor allem auch der Pflegezustand. So kann eine perfekt in Schuss gehaltene, einfache Typenlaube jederzeit ein ungepflegtes Luxushäuschen ausstechen.

Besondere Bedeutung kommt dabei der Fassade zu: Sie sollte regelmäßig gepflegt und neu gestrichen werden. Die Farbwahl beeinflusst die Gesamtwirkung: Eine in leuchtenden Farben gestrichene Laube springt weitaus mehr ins Auge als ein in neutralem Weiß oder gedeckten Holztönen gestrichenes Häuschen. Wer Fenster, Türen und Läden farblich absetzt, lockert die Gestaltung auf.

Überdachter Bereich

Wer sich in einer Kolonie umsieht, wird feststellen, dass es fast an jeder Laube einen überdachten Bereich gibt – sei es, dass das Dach über die Frontfassade hinaus gezogen ist oder sei es, dass ein Anbau überdachten Raum schafft. Wie wichtig dieser Bereich ist, zeigt sich zu allen Jahreszeiten: Ob als Unterstellplatz von Gartenmöbeln und Kübelpflanzen bei Regen, ob als schattige Rückzugzone an heißen Sommertagen oder als geschützter Ort für die alltäglichen Arbeitsaufgaben – eine Überdachung hat sehr praktischen Wert und sollte deshalb von Anfang an mit eingeplant sein.

Bei Anbauten entsteht nur dann ein harmonisches Bild, wenn diese dem Stil der Laube angepasst sind. Denn grundsätzlich gilt: Je unauffälliger sich der Anbau in das Gesamtbild eingliedert, desto besser. Am besten greift man deshalb Materialien und Farben der Laube wieder auf und streicht beispielsweise Balken in der gleichen Farbe wie Türen oder Fenster.

Naturnahe Gestaltung

Für den harmonischen Gesamteindruck spielt vor allem auch der Übergang von Laube zu Garten eine wichtige Rolle. Ein „nackt" auf einer Freifläche stehendes Häus-

Gartenhaus & Laube

▲ *Je natürlicher die Laube in den Garten eingebettet ist, desto harmonischer wirkt das Gesamtbild. Ein wesentlicher Schlüssel dazu sind Pflanzen direkt am Häuschen.*

◄ *Auch eine einfache Typenlaube kann den Garten nachhaltig bereichern, wenn sie liebevoll gepflegt und gekonnt in die Gartengestaltung einbezogen wird.*

chen wirkt im Schrebergarten wie ein Fremdkörper. Viel schöner ist es, wenn sich die Laube als natürlicher Bestandteil des Gartens zeigt. Das erreicht man durch eine geschickte Bepflanzung: Eine Schlüsselrolle kommt dabei Rankpflanzen zu, die sich z. B. an Pfosten oder Fassaden entlangziehen. Aber auch schön bepflanzte Blumenkästen oder Kübelpflanzen tragen maßgeblich dazu bei, dass Garten und Laube wie eine Einheit wirken.

▲ *Ein Dachüberstand oder ein Anbau sorgen für geschützte Bereiche, z. B. als Unterstand für Gartenmöbel.*

◄ *Wenn Pfosten von Anbauten begrünt werden, trägt dies zu einer einheitlichen Gesamtwirkung bei.*

Gestaltung in der Praxis

Praktische Helfer: Gewächshäuser

Ein Gewächshaus im Schrebergarten ist aus verschiedenen Gründen äußerst sinnvoll: In den Wintermonaten bietet es frostempfindlichen Pflanzen ein perfektes Winterquartier. Gemüse und andere Pflanzen lassen sich im Frühjahr unter dem Glasdach bestens vorziehen. Und im Sommer erntet man dann z. B. die ersten Tomaten wesentlich früher als die Nachbarn.

Schon ein kleineres Modell mit drei bis acht Quadratmetern bringt Arbeitserleichterungen. Idealerweise bietet ein Gewächshaus aber mindestens acht bis zwölf Quadratmeter Nutzfläche. Dann ist nicht nur der Bewegungsraum ausreichend, sondern auch eine sinnvolle Ausstattung mit mehreren Steh- und Hängeregalen möglich. Größere Gewächshäuser sind in den Kleingärten aufgrund der Parzellengrößen nicht erforderlich.

Eine gute Isolierung ist das A und O, um ein Gewächshaus auch in den Wintermonaten ohne hohe Heizkosten nutzen zu können. Empfehlenswert sind daher hochwertige aber leider auch teure Glashäuser mit thermisch getrennten Aluminiumprofilen.

Da Glas sehr schwer ist, kommen heute meist sogenannte Stegplatten zum Einsatz. Sie werden aus speziellem Kunststoff gefertigt und bestehen aus zwei oder drei dünnen Platten in Sandwich-Bauweise, die eine gute Isolierung ermöglicht. Kleine und leichte Gewächshäuser kommen in der Regel ohne Fundament aus. Nur bei größeren Modellen ist ein Streifenfundament erforderlich.

Preiswerte Alternativen

Übersteigt ein Gewächshaus die finanziellen Möglichkeiten, bieten sich vor allem für die Anzucht und den Schutz der Pflanzen vor Witterungseinflüssen preiswerte Alternativen an.

Pflanztunnel: So bezeichnet man halbrunde, transparente Pflanzabdeckungen, die man auf das Beet stellt und mit Ankern befestigt.

Gartenvlies: Das Vlies wird wie eine schützende Folie über das Gemüsebeet gelegt und schützt so vor Frost oder Sonnenbrand.

Tomatenhäuser: Zeltähnliche, freistehende Schutzhüllen aus Vlies.

Frühbeetkästen: Diese flachen Kästen mit transparenten, zu öffnenden Kunststoffdächern werden mit Erde gefüllt, in die dann die Setzlinge gesteckt werden. Man kann sie auch selbst bauen.

Gewächshäuser

▲
Anzucht-Folientunnel gibt es in verschiedensten Größen und sollten über ein stabiles Gerüst verfügen. Bei stürmischem Wetter können sie mit Zelt-Heringen zusätzlich fixiert werden.

▲ ▶
Für die Saatkeimung und die Anzucht von Pflanzen und Gemüse eignen sich Foliengewächshäuser, die im Winter allerdings keinen Schutz bieten.

◀ ▶
Gewächshäuser werden in Glas- oder Stegplattenausführung angeboten und bieten optimalen Schutz. Luxusmodelle sind beheizbar und verfügen oft auch über automatische Belüftungssysteme.

▼ ▼▶
Frühbeete gibt es in unterschiedlichen Größen und Ausführungen, ob als schnell aufgebaute Folienvariante oder als vielleicht sogar selbstgebauter Holzkasten mit Glas- oder Kunststoffdeckel.

Gestaltung in der Praxis

Stilvolles Entree: Tore und Eingänge

Sie sind die Visitenkarte des Kleingartens: die Tore und Eingänge zur Parzelle. Je einladender sie gestaltet sind, desto mehr Lust hat man, den Garten zu betreten und hier seine Zeit zu verbringen. Deshalb lohnt es sich, dem Eingangsbereich bei der Planung besondere Aufmerksamkeit zu schenken.

Grundsätzlich gilt: Die Gestaltung des Parzellenzugangs sollte in Form, Farbe und Material zum Gartenstil passen. Zu einem romantischen Garten passt so beispielsweise ein verschnörkeltes, geschmiedetes Tor. Bei einer modernen Gartengestaltung hingegen wäre solch ein Eingang völlig deplatziert.

Als Materialien kommen vor allem Holz und Stahl bzw. Eisen in Frage. Kunststoff ist zwar preiswert, aber aufgrund der unnatürlichen Ausstrahlung eher nicht geeignet.

Farbliche Akzente

Wesentliche Akzente kann man mit der Farbgestaltung setzen. Bei Holztoren unterstreichen beispielsweise dezent lasierte Hölzer einen natürlichen Gestaltungsanspruch. Leuchtend bunt lackiert hingegen wirken die gleichen Tore fröhlich und belebend. So passen die einen z. B. gut zu einer in erster Linie als Nutzgarten ausgerichteten Parzelle, die anderen hingegen zu einem Familiengarten mit Kinderspielplatz.

Den Eingangsbereich wertet man deutlich auf, wenn man das Tor mit einer Pergola oder auch einem Rosenbogen versieht. So entsteht ein Eingang, den man förmlich durchschreiten muss. Wenn die Pergola dann noch berankt ist – beispielsweise mit Kletterrosen, Efeu oder echtem Wein – gibt es kaum ein stilvolleres Entree für den Schrebergarten.

Tore & Eingänge

◄ Torbogen-Elemente aus Holz werden meist hinter dem eigentlichen Gartentörchen platziert; betonierte Anker oder Einschlaghülsen geben stabilen Halt.

▼ Die speziellen Eingangs-Bögen wirken recht natürlich, vor allem, wenn sie im Laufe der Zeit zuwachsen.

▲ Ob dezent oder ausgefallen bunt angestrichen: Auch im Schrebergarten sind Eingänge individuell gestaltet.

► In Stil und Material aufeinander abgestimmt, wirken Törchen und Rankbogen hier harmonisch und elegant.

Gestaltung in der Praxis

Schön und sicher: Wege & Terrassen

Bei der Gestaltung von Wegen und Terrassen kommt der Materialwahl herausragende Bedeutung zu. Zur Wahl stehen vor allem Werksteine aus Beton, Naturstein und Holz. Je nachdem, für welches Material man sich entscheidet, erhält der Garten ein ganz anderes Gesicht. Aber es kommt nicht nur auf die Optik an: Genauso wichtig sind Trittsicherheit, Belastbarkeit und Pflege.

Werksteine

Sie sind preiswert und vielseitig: Pflastersteine aus Beton, auch Werksteine genannt. Der Handel führt ein breites Angebot an unterschiedlichen Formen, Farben und Oberflächen, zudem nicht nur Pflastersteine, sondern beispielsweise auch Platten oder Palisaden gehören. Viele Steine sind aufeinander abgestimmt und lassen sich so in unterschiedlichen Formen – wie etwa als Kreis – verlegen. Werksteine sind zudem sehr widerstandsfähig und lassen sich leicht reinigen. Einen Nachteil hat das Material allerdings: Es wirkt nicht besonders natürlich.

Naturstein

In diesem Punkt hat Naturstein die Nase vorn. Auch hier gibt es wiederum eine enorme Bandbreite – von behauenen Steinenquadern bis hin zu grob gebrochenen Platten. Die Gestaltungsmöglichkeiten sind schier unerschöpflich. Allerdings: Diese Steine sind teuer und – vor allem bei unebenen Oberflächen – nicht immer praktisch: Stühle wackeln leicht und die Steine lassen sich schlechter sauber halten. Und: Wenn glatte Steine feucht werden, rutscht man leicht aus.

Holz

Holz eignet sich hervorragend um Terrassen zu gestalten, vor allem in modernen Gärten. Als Bodenbelag für Wege ist das Material allerdings nicht geeignet, da schon bei geringer Feuchtigkeit Rutschgefahr besteht. Zur Wahl stehen lange geriffelte Dielen oder aber vormontierte Fertigelemente.

In jedem Fall sollte man zu Harthölzern wie Bankirai oder Zeder greifen, weil diese den Witterungseinflüssen besser widerstehen als Weichhölzer wie Kiefer oder Fichte.

Beim Verlegen muss Erdkontakt vermieden werden – ansonsten rottet das Holz schnell von unten durch. Deshalb erhält der Holzboden eine Unterkonstruktion (Konterlattung), die mit speziellen Ankern im Boden befestigt wird. Alternativ legt man den Boden auf Steine auf.

Wege & Terrassen

◀
Ob ein mit Werksteinen gepflasterter Weg oder eine im individuellen Material- und Mustermix gestaltete Terrasse: Bei der Wahl der Materialien gilt es den Gartenstil zu berücksichtigen.

▶
Funktionswege brauchen nicht aufwändig gepflastert zu werden: Hier wird verdichtete Erde durch Randsteine als Weg markiert.

◀◀
Holzfertigelemente lassen sich einfach verlegen und halten über viele Jahre den Einflüssen der Jahreszeiten stand.

▶
Terrassenplatten aus gebrochenem Naturstein wirken sehr natürlich und eignen sich besonders gut für mediterrane Gärten.

Gestaltung in der Praxis

Attraktive Grenzen: Zäune & Pergolen

diagonal gekreuzten Hölzern
- Sichtschutzzaun: meist 1,8 Meter hohes Holzelement mit vollflächiger Füllung
- Rankgitter: meist 1,8 Meter hoher, transparenter Zaun mit überkreuzten Hölzern
- Pergola: Hohe Pfosten mit oben abschließenden Querbalken, die meist von Reitern verziert werden

Sie grenzen die Parzelle ein und gliedern den Garten. Sie sorgen für Sichtschutz und mindern unattraktive Ausblicke auf Nachbargrundstücke. Sie bieten Rankpflanzen Halt und setzen optische Akzente im Schrebergarten: Zäune und Pergolen sind im Schrebergarten echte Multifunktionstalente. Als Material empfiehlt sich wegen der natürlichen Ausstrahlung vor allem Holz.

Je nach Art und Aufbau unterscheidet man verschiedene Zaunelemente, mit zum Teil auch bestimmten Funktionen zugeordnet sind:

- Staketenzaun: niedriger Zaun mit senkrecht angeordneten Hölzern
- Zaunbohlen: niedriger Zaun mit waagerechten, breiten Hölzern
- Jägerzaun: niedriger Zaun mit

Bei den in Baumärkten und im Fachhandel erhältlichen Zaunsystemen gibt es erhebliche Preisunterschiede. Sie beziehen sich nicht nur auf das Material und die Verabeitung, sondern auch auf die Bandbreite der Gestaltungsmöglichkeiten: Bei hochwertigen Systemen kann man zwischen Elementen verschiedener Größen, Dekore oder Farben wählen. Außerdem gibt es

Zäune & Pergolen

◄ Mit Rankgittern lassen sich gerade im Schrebergarten sehr gut einzelne Bereiche – wie ein Gemüsebeet – optisch abgrenzen.

▲ Die Auswahl an Zäunen und Sichtschutzelementen ist groß. Bei einigen Elementen steht eher die optische Attraktivität im Vordergrund als die reinen Funktionalität.

passendes Zubehör wie Tore oder Pfostenkappen.

Holzzäune eignen sich besonders gut, in Eigenleistung errichtet zu werden. Besonders wichtig ist dabei, die tragenden Pfosten sicher im Boden zu befestigen. Zwei Alternativen bieten sich an: Einschlaghülsen und Anker. Die Hülsen werden mit einem Vorschlaghammer in den Boden gerammt. Dies ist nur bei sehr festen Böden empfehlenswert – andernfalls halten die Hülsen nicht richtig. In jedem Fall sind Anker, die einbetoniert werden, die standsicherere Lösung.

Bei niedrigeren Zäunen kann man die Pfosten auch anspitzen und in die Erde einschlagen. Das hat allerdings den Nachteil, dass das Holz im feuchten Erdreich schnell verrottet und die Pfosten regelmäßig alle paar Jahre ausgewechselt werden müssen.

Gestaltung in der Praxis

Schöne Ränder: Beeteinfassungen

Die Wirkung von Beeten wird nicht allein durch ihre Bepflanzung bestimmt: Für den Gesamteindruck ist auch die Beeteinfassung ausschlaggebend. Wenn ein Beet mit bewusst gestalteten Rändern versehen wird, entsteht ein sehr gepflegter Anblick. Für solche Einfassungen bieten sich verschiedene Alternativen an:

- Bruchsteine, die lose aufeinander gelegt werden und so eine kleine Mauer bilden
- Formsteine zumeist aus farbigem Beton, die mit Trockenmörtel verbunden werden
- Kleine Findlinge, die man locker um das Beet gruppiert
- Palisaden, die in den Boden eingeschlagen werden und so eine kleine Holzwand ausbilden
- Niedrig wachsende oder beschnittene Pflanzen, die einen deutlich sichtbaren Rand bilden

Eine etwas höhere Beeteinfassung hat vor allem auch praktische Vorteile. Wenn beispielsweise der Beetrand zur Terrasse etwas erhöht ist, wirkt die Einfassung wie eine Fußleiste – Fegen und Reinigen der Terrasse fallen leichter. Und: Der hochstehende Rand verhindert, dass bei starkem Regen Erde auf die Terrasse geschwemmt werden kann.

Wenn man auf Beeteinfassungen verzichtet, wirkt der Übergang meistens natürlicher, was z. B. gut in einen ökologischen Garten passt. Bei den meisten Gartenstilen aber wirken Beete aus gestalterischer Sicht besonders vorteilhaft, wenn sie Flächen klar voneinander abtrennen – z. B. Zierbeete von Rasenflächen.

Besonders attraktive Übergänge von Bodenbelägen zu Beeten, aber auch von Beeten zu Wiesen, schaffen zudem ausladendere, überhängende Pflanzen.

Beeteinfassungen

◄◄
Etwas erhöhte Beeteinfassungen heben das Beet hervor und erleichtern an Terrassenrändern das Fegen.

▶
Wenn größere Pflanzen am Beetrand in angrenzende Flächen hineinragen, wirkt dies sehr natürlich.

Praxistipp

Einen edlen Beeteindruck erzeugt man, wenn man den Boden unterhalb der Pflanzen mit kleinen Steinen abdeckt. Besonders geeignet ist Marmorkies, den der Handel in verschiedenen Größen anbietet. Das Weiß der Steine kontrastiert mit den umgebenden meist dunkelgrünen Flächen. So hebt man das Beet innerhalb des Gartens deutlich hervor.

▲
Auch kleine Pflanzenreihen wie hier ein beschnittener Buchs können Beete attraktiv einfassen.

◄
Die gesamte Beetwirkung wird durch die runde Einfassung und den weißen Kies aufgewertet.

Gestaltung in der Praxis

Highlights: Teiche & Wasserspiele

Der Gartenteich

Bei den Gartenteichen unterscheidet man drei verschiedene Typen nach der optischen Gewichtung von Bepflanzung und Teichform:

Naturteich: Hier stehen die Pflanzen im Mittelpunkt. Die Teiche sind als Biotope angelegt, in denen vor allem heimische Pflanzen ideale

Es gibt Hunderte von Varianten, das Element Wasser in die Gartengestaltung einzubeziehen. Im Kleingarten stehen vor allem Teiche und Wasserspiele im Vordergrund. Während die stillen Wasserflächen vor allem auch die gärtnerischen Möglichkeiten erweitern, ist das Wasser bei den anderen in Bewegung. So dringt leises Plätschern ans Ohr, das entspannend wirkt.

Sowohl für Teiche als auch für Wasserspiele gilt: Ihre optische Wirkung wird maßgeblich von der Umgebungsgestaltung bestimmt. Bei den Teichen spielt der Uferbereich eine entscheidende Rolle, bei den Wasserspielen die Bodengestaltung. Je nachdem, wie kontrastreich oder wie natürlich die Wasserelemente in den Garten eingebettet sind, fallen sie mehr oder weniger auf.

Lebensbedingungen finden. Die Übergänge zu anderen Gartenteilen sind fließend.

Zierteich: Der Zierteich ist das genaue Gegenteil des Naturteichs. Die Teichform und die Ufergestaltung heben ihn deutlich von den Umgebungsflächen ab. Die Ränder können z. B. gemauert oder streng geometrisch angeordnet sein.

Teiche & Wasserspiele

Der Gartenteich: Er stellt eine Mischform aus Natur- und Zierteich dar. Hier bilden Ufergestaltung und Bepflanzung eine harmonische Einheit.

Wasserspiele

Allen Wasserspielen ist gemein, dass das Wasser mit Hilfe einer Pumpe bewegt werden muss. Bei der Gestaltung kommt es darauf an, die Pumptechnik auf der einen Seite gut zu verstecken, auf der anderen Seite aber für Wartungsarbeiten leicht erreichbar zu positionieren. Das gelingt am einfachsten, wenn man die Pumptechnik etwas weiter entfernt installiert.

Besonders beliebt sind Quellsteine. Dazu versenkt man zunächst eine große Wanne im Erdreich und füllt diese dann mit größerem Gestein, meist Marmorkieseln, auf. Darauf sitzt der Quellstein. Das heraussprudelnde Wasser versickert im Kiesbett, sammelt sich in der Wanne und wird von dort wieder in den Quellstein gepumpt.

Bachlauf

Ein weiteres besonders schönes Element stellen Bachläufe als Zuflüsse von Teichen dar. Dies ist aber nur möglich, wenn im Schrebergarten ein leichtes Gefälle vorhanden ist oder erzeugt werden kann.

◄ ►
Quellsteine können sich sehr natürlich in die Beetgestaltung einbetten oder auch als exponierter Blickfang dienen.

▲► ►►
Ob naturnaher Teich oder Bachlauf: Wasser und Ufer bieten Pflanzen und Tieren besonderen Lebensraum.

Gestaltung in der Praxis

Wassertechnik und Beleuchtung

Wasser ist eine Lebensgrundlage aller Pflanzen – und dementsprechend kommt der Wasserversorgung im Schrebergarten große Bedeutung zu. Zwei Möglichkeiten stehen zur Wahl: Man kann sich an das Wassernetz des Vereins anschließen lassen oder aber auf seiner Parzelle ein Bohrloch erstellen. Dies ist allerdings nicht in allen Gemeinden erlaubt.

Bohrlöcher haben den Vorteil, dass das Wasser im Sommer gratis zur Verfügung steht, sieht man vom Strombedarf der Pumpe ab. Die Wasserstelle kann man zudem wunderbar in die Gartengestaltung integrieren, indem man sie z. B. als Brunnen ausformt. Leider sind die Grundinvestitionen für das Bohren und die Pumpe relativ hoch.

Das Gießen im Sommer erleichtert man sich vor allem auf größeren Parzellen, wenn man mehrere Zapfstellen installiert – beispielsweise direkt an der Laube und neben dem Gemüsebeet. Dazu verlegt man im Boden stabile Rohre. Am besten entscheidet man sich für ein Kunststoffrohr-System mit leicht zu installierenden Anschlüssen. Praktisch ist es, wenn an der Zapfstelle auch der Gartenschlauch sinnvoll untergebracht werden kann.

Licht im Garten

Wenn der Garten oft auch abends genutzt wird, trägt eine Beleuchtung des Hauptweges maßgeblich zur Sicherheit bei. Für die Installation benötigt man spezielle Erdstromkabel, an die die Leuchten wasserdicht angeschlossen werden müssen. Reizvoll ist zudem, bei Dunkelheit besonders schöne Pflanzbereiche mit Hilfe von Strahlern hervorzuheben. Dafür empfehlen sich vor allem Halogen- und LED-Leuchten, da sie weniger Strom als herkömmliche Leuchtmittel verbrauchen.

Wassertechnik & Beleuchtung

◄
Ein eigener Brunnen ist die perfekte Grundlage für die Wasserversorgung.

▲
Zentral platzierte Wasserentnahmestellen mit Schlauchhalterung sind praktisch.

▲ ►
Eine Regentonne darf in keinem Schrebergarten fehlen, sie spart kostbares Trinkwasser.

◄◄
Leuchten heben bei Dunkelheit ausgewählte Pflanzbereiche attraktiv hervor.

◄
Wegbeleuchtung sorgt im Dunkeln für Sicherheit auf Schritt und Tritt.

▲
Steinförmige Spots passen sich perfekt an.

Gartenkalender

Das Gartenjahr wird durch den Kreislauf des Säens, Wachsens und Erntens bestimmt – und diese Phasen sind geprägt von zum Teil ganz unterschiedlichen gärtnerischen Tätigkeiten. Zwischen Saat und Ernte bzw. zwischen Pflanzung und Blüte gibt es jede Menge zu tun. Um gärtnerische Erfolge gebührend genießen zu können, ist es gut zu wissen, wann welche Arbeiten im Garten am sinnvollsten erledigt werden. Dieser Kalender ermöglicht eine erste Orientierung über die wichtigsten Aufgaben während des Gartenjahres.

Januar

Allgemein
- Gewächshaus frostfrei halten; ggfs. zusätzlich mit Blisterfolie isolieren.
- Im unbeheizten Gewächshaus Pflanzen mit Vlies, Jute oder Folie vor Frost schützen

Der Ziergarten
- Immergrüne, neu gepflanzte Laub- oder Nadelgehölze z. B. mit Stroh am Boden abdecken, um übermäßige Verdunstung zu vermeiden
- Empfindliche Gehölze nach starken Schneefällen von Schneelast befreien (auch Strauchrosen)

Der Nutzgarten
- Ideen sammeln für die diesjährige Bepflanzung des Gemüsebeets

Februar

Allgemein
- An frostfreien Tagen den Boden lockern und Kompost umsetzen
- Eingelagertes Obst und Gemüse kontrollieren, schadhafte Früchte aussortieren
- Für ausreichende Durchlüftung des Gewächshauses sorgen, vor allem an sonnigen Tagen

Der Ziergarten
- Stauden und Gräserhalme zurückschneiden
- Gelangen bei starkem Frost Zwiebeln an die Erdoberfläche, drückt man diese zurück, sobald der Boden wieder offen ist
- An frostfreien Tagen Gehölze (z. B. Hainbuche, Clematis, Hortensien) zurückschneiden bzw. auslichten
- Einige Kübelpflanzen können im Winterlager jetzt zurückgeschnitten werden
- Die ersten Sommerblumen im Gewächshaus aussäen

Der Nutzgarten
- Kräuter in Töpfen oder Aussaatschalen säen
- Frühe Gemüsesorten wie Tomaten, Salat, verschiedene Kohlsorten im Gewächshaus aussäen
- Junge und wuchsschwache Obstbäume durch Winterschnitt zum Wachstum anregen

März

Allgemein
- Rasen vertikutieren, also mit Harke oder Spezialwerkzeug Moosfilz herausreißen, wenn der Boden schnee- und frostfrei ist
- Kübelpflanzen im Winterquartier heller stellen

Der Ziergarten
- Weitere Sommerblumen zur Anzucht aussäen, robuste Sorten direkt ins Freiland (z. B. Ringelblumen, Wicken)
- Stauden (z. B. Flammenblume, Sonnenhut) umpflanzen und vorher ggfs. teilen (alle 5–6 Jahre sinnvoll)
- Rosen zurückschneiden, Winterschutz entfernen, wurzelnackte Rosen pflanzen

Der Nutzgarten
- Beete (frostfrei) für Neupflanzen vorbereiten; Boden lockern, evtl. Bodenanalyse vornehmen
- Beerensträucher und Obstbäume pflanzen oder umpflanzen
- Gemüse und Kräuter ins Frühbeet säen (z. B. Paprika, Petersilie)
- Auf dem nicht gemulchten Gemüsebeet kann eine Gründüngung (z. B. Phacelia, Senf) erfolgen
- Erste Gemüsesorten ins Freiland aussäen (z. B. Frühkarotten, Spinat)

Januar - Juni

April

Allgemein

- Im Gewächshaus / Frühbeet die Aussaaten pikieren
- Beete vorbereiten: von Unkraut befreien und Boden auflockern
- Gartenteich reinigen, feinen Bodenschlamm entfernen, blühende Algen ggfs. abfischen
- Rasen mähen

Der Ziergarten

- Stauden im Frühbeet vorziehen (z. B. Astern), ins Freiland aussäen (z. B. Rittersporn, Kornblumen) oder vorgezogene Setzlinge einpflanzen
- Rosen düngen
- Zwiebelblumen für den Sommer pflanzen (z. B. Gladiolen, Lilien, Sommerhyazinthen)
- Indisches Blumenrohr (Canna) im Kübel im Gewächshaus vorziehen, ebenso auch Knollenbegonien in Ampeln
- Verblühte Ziersträucher (z. B. Mandel, Forsythie) zurückschneiden

Der Nutzgarten

- Auspflanzen der ersten Setzlinge (z. B. Salat, Frühkartoffeln, erste Kohlsorten)
- Ins Freiland aussäen: z. B. Lauch, Rote Bete, Salate, Schnittlauch
- Kräuter und Gemüse im Frühbeet vorziehen (z. B. Basilikum, Majoran, Gurken, Kürbis)

Mai

Allgemein

- Kübelpflanzen ins Freie holen, zunächst geschützt aufstellen, nach den Eisheiligen an Sommerstandort
- Rasen wieder regelmäßig mähen
- Wasserpflanzen, soweit nicht im Teich verblieben, jetzt in Teich einsetzen
- Gartenmöbel reinigen und pflegen (z. B. Schutzanstrich)

Der Ziergarten

- Rankhilfen für Kletterpflanzen und hohe Stauden bereitstellen
- Tulpenzwiebeln aus der Erde nehmen und ggfs. an gleicher Stelle Dahlienknollen einsetzen
- Gladiolenzwiebeln pflanzen
- Rosenbeet durchlässig halten, schwerere Böden lockern
- Rosen auf Krankheitszeichen prüfen und ggfs. sofort behandeln (z. B. von Sternrußtau befallene Blätter entfernen)

Der Nutzgarten

- Erste Ernte im Gemüsebeet (z. B. Spinat, Salat, Käuter)
- Bohnen aussäen
- Nach den Eisheiligen Tomaten ins Freiland setzen
- Jetzt auch wärmeliebende Gemüsesorten im Freien aussäen (z. B. Zucchini, Gurken, Melonen)

Juni

Allgemein

- Kübelpflanzen nach Bedarf düngen, Verblühtes z. B. aus Geranien oder Margeriten entfernen
- Kübelpflanzen gießen – auch bei regnerischem Wetter – die geschützt stehenden Kübel mit Wasser versorgen
- Beete organisch mulchen

Der Ziergarten

- Rosen mit Stärkungsmittel spritzen
- Sommerblumen düngen
- Immergrüne und stark belaubte Gehölze ausreichend wässern (Regenwasser erreicht die Wurzeln oft nicht)
- Zweijährige Blumen aussäen (z. B. Stockmalven, Tausendschön oder Ziersalbei)

Der Nutzgarten

- Erdbeeren und Rhabarber ernten, Erdbeerlaub nach der Ernte zum Schutz vor Pilzkrankheiten abschneiden
- Tomaten ausgeizen, also Seitentriebe, die in Blattachseln sprießen, ausbrechen
- In den Vormonaten vorgezogene Gemüse (z. B. Kürbis, Sellerie, Gurken) jetzt ins Freiland pflanzen
- Gemüse (z. B. Erbsen, Bohnen, Paprika) zur Wurzelbildung etwa 15 cm hoch mit Erde anhäufeln

Der Gartenkalender

Juli

Allgemein

- Rankhilfen oder -gerüste auf sicheren Stand und Stabilität prüfen
- Rasen bei starker Hitze weniger oft schneiden, so kann das Gras mehr Feuchtigkeit speichern
- Stark wachsende Algen aus dem Teich entfernen
- Wildkräuter („Unkraut") zwischen Gartenkräutern und Sommerblumen regelmäßig entfernen

Der Ziergarten

- Verblühte oder nach Regen unansehnlich gewordene Rosenblüten abschneiden
- Stauden nach der Blüte zurückschneiden, einige bilden dann neue Blüten aus – sie remontieren; zudem raubt die Samenbildung den Pflanzen wertvolle Kraft
- Mit Containerpflanzen Lücken in Beeten schließen

Der Nutzgarten

- Johannisbeersträucher nach der Ernte zurückschneiden
- Kartoffeln ernten
- Abgeerntete Flächen mit Wintergemüsen bepflanzen (z.B. Endivien, Grünkohl) oder
- Gründüngepflanzen zur Bodenstärkung auf freie Flächen säen
- Tomatenpflanzen stützen und bei Bedarf anbinden

August

Allgemein

- Bei Trockenheit auf ausreichenden Wasserstand im Teich achten
- Richtig gießen: nicht die Häufigkeit, sondern die ausreichende Menge ist entscheidend
- Hecken schneiden

Der Ziergarten

- Von verblühtem Lavendel die Triebspitzen abschneiden
- Bei einjährigen Sommerblumen verblühte Triebe regelmäßig entfernen, wenn keine Samen reifen sollen
- Samen von Sommerblumen (z.B. Akelei, Mohn) ernten, trocknen und in mit Namen und Datum beschrifteten Tütchen verwahren
- Buchsbäume können jetzt noch in Form geschnitten werden

Der Nutzgarten

- Erste Tomaten ernten, außerdem für gute Fruchtentwicklung mit Spezialdünger versorgen
- Spinat, Frühlingszwiebeln und verschiedene Salate können noch gesät werden
- Geerntet werden späte Kirschen, erste Brombeeren, frühe Äpfel und Birnen
- Gurken und Zucchini regelmäßig pflücken
- Johannisbeer- und Stachelbeersträucher auslichten

September

Allgemein

- Düngen der Kübelpflanzen langsam einstellen
- Empfindliche Kübelpflanzen an geschützte Orte umsiedeln (z.B. vor warme Laubenwand)
- Lücken im Rasen neu einsäen

Der Ziergarten

- Immergrüne Gehölze (z.B. Kirschlorbeer, Rhododendron) pflanzen, damit sie vor dem Winter einwurzeln können
- Gehölze (z.B. Kirschen) mit Leimringen vor Frostspannern (kleine Raupen) schützen
- Stauden für das nächste Frühjahr können gut in den noch warmen Boden gepflanzt werden

Der Nutzgarten

- Erntezeit für Äpfel, Birnen, Preiselbeeren, Pflaumen, Mirabellen
- Im Sommer gesäte Möhren, Rote Bete und Zuckermais sind reif
- Thymian noch mal ernten
- Wintersalate (z.B. Winterkopfsalat, Feldsalat) aussäen
- Haselnüsse ernten
- Weinreben von zu viel Laub befreien, um die Trauben luftig zu halten und ihnen möglichst viel Sonne zu bieten
- Tomatenblüten entfernen, sie können nicht mehr ausreifen

Juli - Dezember

Oktober

Allgemein

- Kübelpflanzen in kälteren Gegenden ins Winterquartier umsiedeln, sonst möglichst bis zu drohendem Frost im Freien halten
- Teich säubern; mit Netzen vor Laub schützen; Pumpen und Filteranlagen abschalten und ggfs. ausbauen
- Reifen Gartenkompost möglichst verbrauchen

Der Ziergarten

- Gehölze und Bäume können umgesetzt werden
- Immergrüne und Obstgehölze durch Steckhölzer vermehren
- Junge Gehölze am Boden mit Stroh, Tannenzweigen o. Ä. vor Frost schützen
- Zeit, um Blumenzwiebeln zu setzen (z. B. Tulpen, Narzissen, Krokusse); da Tulpen im zweiten Jahr oft bereits schwächer blühen, empfiehlt es sich, neue Zwiebeln zu setzen

Der Nutzgarten

- Winterharte Zwiebelsorten können jetzt gepflanzt werden
- Kürbisse ernten, wenn der dicke Stiel trocken, hart und holzig ist
- Gemüse frostfrei einlagern, zuvor die Blätter entfernen
- Abgeerntete Beete umgraben, Kompost einarbeiten

November

Allgemein

- Laub vom Rasen zur besseren Belüftung entfernen
- Herbstlaub mit letztem Rasenschnitt und gehäckseltem Gehölzschnitt kompostieren
- Ein Laub- oder Reisighaufen unter Sträuchern bietet z.B. Igeln Unterschlupf
- Kübelpflanzen im Gewächshaus ggfs. mit Jute, Vlies oder Stroh locker einschlagen und so vor Frost schützen

Der Ziergarten

- Empfindliche Stauden durch Abdecken des Bodens (z.B. mit Tannenzweigen, Stroh oder Laub) vor zu viel Nässe und Frost schützen
- Edel- und Beetrosen ebenso vor Frost schützen
- Hecken zurückschneiden
- Wurzelnackte Hecken (z.B. Hainbuche) pflanzen
- Letzter Zeitpunkt (vor dem Frost), um Blumenzwiebeln zu setzen
- Dahlienknollen nach ersten Frost aus der Erde holen und einlagern

Der Nutzgarten

- Wintergemüse ernten
- Pflanzzeit für Obstbäume (z.B. Apfel), wurzelnackte Pflanzen besonders gut wässern
- Fallobstreste aufsammeln

Dezember

Allgemein

- Am 4. Dezember (Barbaratag) geschnittene Zweige (z.B. Forsythie) blühen mit Glück zu Weihnachten
- Gartengeräte pflegen (z.B. ölen, Messer schärfen)

Der Ziergarten

- Ziersträucher kann man auch jetzt noch über Steckhölzer vermehren

Der Nutzgarten

- Wintergemüse (z.B. Grünkohl, Rosenkohl, Lauch) ernten
- Eingelagertes Gemüse regelmäßig kontrollieren
- Bei frostfreiem Wetter Obstbaumstämme mit einem Weißanstrich vor Frostschäden schützen

Kleingarten-Adressen

Wichtige Adressen

Bundes- und Landesverbände der deutschen Kleingärtner

Bundesverband Deutscher Gartenfreunde e.V.
Platanenallee 37
14050 Berlin
Telefon: 0 30 / 30 20 71 40
E-Mail: bdg@kleingarten-bund.de
www.kleingarten-bund.de

Landesverband der Gartenfreunde Baden-Württemberg e.V.
Heigelinstr. 15
70567 Stuttgart
Telefon: 07 11 / 7 15 53 06
info@landesverband-bw.de
www.landesverband-bw.de

Landesverband Bayerischer Kleingärtner e.V.
Steiermarkstr. 41
81241 München
Telefon: 0 89 / 56 88 83
info@l-b-k.de
www.l-b-k.de

Landesverband Berlin der Gartenfreunde e.V.
Spandauer Damm 274
14052 Berlin
Telefon: 0 30 / 30 09 32 0
info@gartenfreunde-berlin.de
www.gartenfreunde-berlin.de

Landesverband Brandenburg der Gartenfreunde e.V.
Ricarda-Huch-Str. 2
14480 Potsdam
Telefon: 03 31 / 70 89 25
kleingarten-lv-brandenburg@t-online.de
www.gartenfreunde-lv-brandenburg.de

Landesverband Braunschweig der Gartenfreunde e.V.
Berliner Str. 54 D
38104 Braunschweig
Telefon: 05 31 / 37 33 21
lv-bs-dkg@t-online.de
www.gartenfreunde-braunschweig.de

Landesverband der Gartenfreunde Bremen e.V.
Johann-Friedrich-Walter-Str. 2
28357 Bremen
Telefon: 04 21 / 50 55 03
bremen@gartenfreunde.de
www.gartenfreunde-bremen.de

Landesbund der Gartenfreunde Hamburg e.V.
Fuhlsbütteler Str. 790
22337 Hamburg
Telefon: 0 40 / 5 00 56 40
info@kleingarten-hh.de
www.kleingarten-hh.de

Landesverband Hessen der Kleingärtner e.V.
Feldscheidenstr. 2-4
60435 Frankfurt
Telefon: 0 69 / 5 48 25 52
info@kleingarten-hessen.de
www.kleingarten-hessen.de

Landesverband der Gartenfreunde Mecklenburg und Vorpommern e.V.
Mühlenweg 8
18198 Stäbelow
Telefon: 03 82 07 / 66 50
vorstand@gartenfreunde-mv.de
www.gartenfreunde-mv.de

Wichtige Adressen

Landesverband Niedersächsischer Gartenfreunde e.V.
Grethe-Jürgens-Str. 7
30655 Hannover
Telefon: 05 11 / 6 96 89 77
niedersachsen@gartenfreunde.de
www.gartenfreunde.de/niedersachsen

Landesverband der Gartenfreunde Ostfriesland e.V.
Hermann-Allmers-Str. 46
26721 Emden
Telefon: 0 49 21 / 99 49 48
landesverband.d.gartenfreunde@ewetel.net
kleingarten-bund.de/Landesverbaende/Ostfriesland

Landesverband Rheinland der Kleingärtner e.V.
Lacombletstraße 9
40239 Düsseldorf
Telefon: 02 11 / 30 20 64 0
info@gartenfreunde-rheinland.de
www.gartenfreunde-rheinland.de

Landesverband Rheinland-Pfalz der Kleingärtner e.V.
Danziger Platz 4
76829 Landau
Telefon: 0 63 41/5 18 83
Telefax: 0 63 41/55 98 84
frank_s-r@t-online.de
www.lrp-kleingaertner.de

Landesverband Saarland der Kleingärtner e.V.
Narzissenweg 28
66538 Neunkirchen
Telefon: 0 68 21/4 18 21
vorstand@landesverband-saarland-der-kleingaertner.de
www.landesverband-saarland-der-kleingaertner.de

Landesverband Sachsen der Kleingärtner e.V.
Loschwitzer Str. 42
01309 Dresden
Telefon: 03 51 / 2 68 31 10
lv.sachsen.kleingaertner@t-online.de
www.lsk-kleingarten.de

Landesverband der Gartenfreunde Sachsen-Anhalt e.V.
Bandwirkerstraße 9
39114 Magdeburg
Telefon: 03 91 / 8 19 57 15
gartenfreunde-sachsen-anhalt@t-online.de
www.gartenfreunde-sachsen-anhalt.de

Landesbund Schleswig-Holstein der Kleingärtner e.V.
Thiensen 16
25373 Ellerhoop
Telefon: 0 41 20 / 7 06 83 60
landesbund@kleingarten-sh.de
www.kleingarten-sh.de

Landesverband Thüringen der Gartenfreunde e.V.
Postfach 80 02 41
Rietstr. 33/38
99028 Erfurt
Telefon: 03 61 / 6 43 88 76
gartenfreunde-thueringen@t-online.de
www.gartenfreunde-thueringen.homepage.t-online.de/

Landesverband Westfalen und Lippe der Kleingärtner e.V.
Breiter Weg 23
44532 Lünen
Telefon: 0 23 06 / 94 29 40
info@kleingarten.de
www.kleingarten.de

Dachorganisation der europäischen Kleingärtner

Office International du Coin de Terre et des Jardins Familiaux a.s.b.l.
20, Rue de Bragance
L-1255 LUXEMBOURG
Telefon: 0 03 52 / 45 32 31
office-international@jardins-familiaux.org
www.jardins-familiaux.org

Deutsches Kleingärtnermuseum und sein Förderverein

Deutsches Kleingärtnermuseum
Aachener Str. 7
04109 Leipzig
Telefon: 03 41 / 2 11 11 94
Öffnungszeiten: Di. bis Do. 10.00 bis 16.00 Uhr

Deutsches Kleingärtnermuseum
Förderverein des Deutschen Kleingärtnermuseums in Leipzig e.V.
Aachener Str. 7
04109 Leipzig
Telefon: 03 41 / 2 11 11 94
www.kleingarten-museum.de

Kleingarten-Adressen

Organisationen zur fachlichen Beratung für Freizeitgärtner

Die Gartenakademien sind den staatlichen Forschungseinrichtungen zum Gartenbau angeschlossen. Mit ihren vielfältigen Beratungsangeboten wie Lehrgängen, Fachtagungen, Broschüren sowie Telefon- und Internettipps unterstützen sie den umweltschonenden Freizeitgartenbau.

Baden-Württemberg
Gartenakademie Baden-Württemberg e.V.
Diebsweg 2
69123 Heidelberg
Telefon: 0 62 21 / 70 98 15
gartenakademie@lvg.bwl.de
www.gartenakademie.info

Bayern
Bayerische Gartenakademie an der Bayerischen Landesanstalt für Weinbau und Gartenbau Würzburg
Postfach 11 40
97205 Veitshöchheim
Telefon: 09 31 / 98 01 0
Gartentelefon: 01 80 / 4 98 01 14
Mo. bis Do. 8.00 bis 12.00 Uhr & 14.00 bis 16.00
www.lwg.bayern.de

Brandenburg
Gartenakademie Brandenburg: Lenné Akademie für Gartenbau und Gartenkultur e.V.
Referat Gartenbau des Landesamtes für Verbraucherschutz und Landwirtschaft
Theodor-Echtermeyer-Weg 1
14979 Großbeeren
Telefon: 03 37 01 / 52 70
Telefax: 03 37 01 / 5 75 91
joergluebcke@lvlf.brandenburg.de
www.lenne-akademie.de

Hessen
Hessische Gartenakademie beim Hessischen Dienstleistungszentrum für Landwirtschaft, Gartenbau und Naturschutz
Oberzwehrener Str. 103
34132 Kassel
Telefon: 05 61 / 40 90 90
Gartentelefon: 05 61 / 40 90 91 5
Di. bis Fr. 09.00 bis 10.30 Uhr
www.gartenbauberatung.de

Wiesbaden
Am Kloster Klarenthal 7a
65195 Wiesbaden
Telefon: 06 11/9 46 81 17
oder: 06 11/9 46 81 0
www.gartenbauberatung.de

Rheinland
Informationszentrum Garten & Pflanze in der Landwirtschaftskammer Rheinland
Gartenstr. 11
50765 Köln-Auweiler
Telefon: 02 21 / 53 40 2 60
www.lvg-auweiler.de

Rheinland-Pfalz
Gartenakademie Rheinland-Pfalz
Dienstleistungszentrum Ländlicher Raum Rheinpfalz
Breitenweg 71
67435 Neustadt/Weinstraße
Telefon: 0 63 21 / 6 71 0
Gartentelefon: 0180 5 / 05 32 02
www.gartenakademie.rlp.de

Saarland
Landwirtschaftskammer für das Saarland, Saarländische Gartenakademie
Lessingstr. 12
66121 Saarbrücken
Telefon: 06 81 / 6 65 05 37
www.lwk-saar.saarland.de

Sachsen
Sächsische Gartenakademie in der Sächsischen Landesanstalt für Landwirtschaft
Söbrigener Str. 3a
01326 Dresden-Pillnitz
Telefon: 03 51 / 26 12 4 11
www.landwirtschaft.sachsen.de

Wichtige Adressen

Organisationen und Gesellschaften für Naturschutz und Gartenkultur

DGG Deutsche Gartenbau-Gesellschaft 1822
Lauenhaus
78465 Insel Mainau
Telefon: 0 75 31 / 1 52 88
dgg1822@t-online.de
www.dgg1822.de

BUND Bund für Umwelt und Naturschutz Deutschland e.V.
Am Köllnischen Park 1
10179 Berlin
Telefon: 0 30 / 2 75 86 40
bund@bund.net
www.bund.net

NABU Naturschutzbund Deutschland e.V.
Bundesgeschäftsstelle
Postanschrift NABU
40108 Berlin
Telefon: 0 30 / 28 49 84 -0
nabu@nabu.de
www.nabu.de

Stiftung Naturschutz Berlin
Potsdamer Straße 68
10785 Berlin
Telefon: 0 30 / 2 63 94 0
mail@stiftung-naturschutz.de
www.stiftung-naturschutz.de

Landesbund für Vogelschutz in Bayern e.V.
Eisvogelweg 1
91161 Hilpoltstein
Telefon: 0 91 74 / 47 75 0
info@LBV.de
www.lbv.de

Schutzgemeinschaft Deutscher Wald e.V.
Bundesverband
Postfach 12 03 71
53045 Bonn
Telefon: 02 28 / 94 59 830
info@sdw.de
www.sdw.de

Stiftung Naturschutz Hamburg und Stiftung zum Schutze gefährdeter Pflanzen
Steintorweg 8
20099 Hamburg
Telefon: 0 40 / 24 34 43
Telefax: 0 40 / 24 31 75

Wichtige Internetadressen:

Listen der Giftpflanzen, ihrer Inhaltsstoffe etc.
www.giftpflanzen.com

Verband Deutscher Gartencenter e.V.
www.garten-center.de

Die Landwirtschaftskammern der Bundesländer bieten Bodenuntersuchungen in ihren Laboren an:
www.landwirtschaftskammer.de

Zeitschriften für Hobbygärtner und Kleingärtner:

„Gartenfreund" mit Themenschwerpunkten rund um den Kleingarten und Regionalteilen

„Der Fachberater" als offizielles Organ des Bundes Deutscher Kleingärtner – mit fundierten Informationen für Vorstände und speziell ausgebildete Fachberater

Verlag W. Wächter GmbH
Internet: www.gartenfreunde.de

Impressum

Hinweis:
Die Anleitungen in diesem Buch sind sorgfältig recherchiert und geprüft worden, dennoch kann eine Garantie nicht übernommen werden. Eine Haftung für Personen-, Sach- und Vermögensschäden ist ausgeschlossen, soweit gesetzlich zulässig.

Bildnachweis:
Bundesarchiv: Bild 183-1990-0417-501, Fotograf: Blunck, 13 o; Bild 183-M1015-316, Fotograf: Donath, Herbert, 15 o; Arbeitsgemeinschaft Pflasterklinker, Bonn: 132; Brückmann Pavillons, Dortmund: 126; Christian Vapperaux, Münster: 46 o; osmo.gard, Münster: 43 u, 73 u r, 129 o r; Honus Verlag GmbH, Köln: 37 r; Kleingartenmuseum, Leipzig: 12, 13 u, 14, 15 u; Stein & Design, Overath-Hammermühle: 35 o, 85 u r; Ullrich Meyer, Neuried: 114 o l; Werth Holz, Finnentrop: 128, 129 o l;
Alex Bors; 113 u r; Alexander Kuzovlev: 113 o M; Alexei Novikov: 110 u r; Anastasia Serebryakova: 115 o r; Anette Linnea Rasmussen: 101 u M; Armin Rose: 98 u M; Asja Sirova: 106 u M; Bart Everett: 101 o l; Darko Plohl: 110 o, 106 o; Darren Baker: 114 o M; Dieter Wimmer: 112 u M; Dwight Smith: 99 o M; Elena Elisseeva: 5 3. v o, 100 o M, 106 u l, 112 u r; Ewa Walicka: 111 o M; Fred Goldstein: 4 2. v o, 115 o l; Hallgard: 115 o M; Hazel Proudlove: 117 u r; Hbak: 106 u r; Inta Eihmane: 107 o l; Irochka: 108 u M; Jack Schiffer: 107 u l; Jill Battaglia: 108 u r; Jo Ann Snover: 50; Kati Molin: 108 u l; Kostas Tsipos: 114 u M; Larry Ye: 114 u l; Ljupco Smokovski: 114 u r; Louis Capeloto: 109 o M; Lyn Baxter: 115 u r; Martina Berg: 107 o M, 108 o l; Natalia Vainshtein: 113 u l; Norman Chan: 101 u r; Olga Lyubkina: 113 o r; Petr Vaclavek: 104 u M, 113 o r; Robert Ivanov: 109 u r; Sandra Cunningham: 19 u r; Sylwia Horosz: 109 o l; Tzooka: 98 u r; Vasyl Helevashuk: 107 o r; Verena Matthew 102 o; Vitaliy Pakhnyushchyy: 107 u M (alle dreamstime.com)
Claudia Wyrwik: 114 o r (iStock.com)
Alle anderen Medien Kommunikation, Unna

Autoren: Tobias Pehle, Martina Handwerker
Redaktion: Yara Hackstein (Ltg.), Tatjana Wehmeyer, Carola Struck, Beate Engelmann, Henning Mohr
Fachberatung: Hermann Hackstein
Layout: Medien Kommunikation, Unna
Satz, Herstellung: Britta Wirth, Mathias Hinkerode
Fotografen Medien Kommunikation: Raphael Pehle, Hermann Hackstein, Tobias Pehle

© edel entertainment GmbH, Hamburg
www.moewig.de
Alle Rechte vorbehalten. All rights reserved
Printed in Germany
ISBN 978-3-86803-121-8